人文學을 찾아서

人文學을 찾아서

인문적 소양 기르기, 그리고 바른 글쓰기에 관하여

김형국 지음

열화당

일곱번째 서울대학교 총장 권중휘權重輝(1905-2003),

전 부총리 겸 경제기획원 장관 이한빈李漢彬(1926-2004),

두 분 빼어난 인문주의자에게 감화 입었던

특별한 행운을 기억하며….

이 책을 쓰게 된 까닭

한쪽에선 위기라 하고 한쪽에선 열풍이라 한다. 인문학人文學 전공자의 연구 여건이 크게 열악함은 위기이고, 인문학 교양강좌에 시민 참여 열의가 뜨거움은 열풍이다. 희비 교차가 우리 인문학의 현주소다.

우선 살필 일은 인문학이 독자獨自 전공의 개별 학문을 말함이 아니라는 사실이다. 사회과학이나 자연과학처럼 인문 '과학'이라 말해야 함이 합당할 전문 교학敎學들의 묶음인데도, 거기에 과학이란 접미어接尾語를 덧붙이지 않았음은 앞의 두 과학이 '열을 보고야 하나를 말하는', 그래서 통념상通念上의 과학임에 견주어, 맨 뒤는 '하나만 보고도 열을 말하고 싶은' 속성인지라 이걸 과학이라 함은 지나치다고 보았기 때문이었다.

독자 개별 교학이 아닌 인문학은, 그러나 동서고금으로 "사람을 사람답게 만들 수 있는" 연구와 배움 곧 연학硏學이라 해서여러 이름으로 그 중요성이 강조되어 왔다. 인격을 온전하게

7

다듬어 줄 분야라 해서 '전인교육全人教育'이라 했던가 하면, 요즘 중국에서는 한 단계 높은 경제성장은 창의력 제고가 필수라며 이 취지에서 인문학의 그 나라 말인 '자유교육自由教育'을 강조하고 있다.

폭넓게 교육이라 불릴 정도로 인문학은 범위가 자못 넓다. 우선 그 근간이자 출발은 문사철文史哲 곧 문학·역사·철학이다. 사람이 사람답게 구실하려면, 고금의 세상사 내력과 거기에 담긴 뜻을 헤아릴 줄 아는 지력知力은 역사와 철학이, 그리고 세상의 주인인 사람이 자기표현을 구사하면서 서로 정감情感을 나눔은 문학이 그 창구라는 말이었다.

그런데 문사철 식견만이 자아실현의 통로일 리는 없다. 감정의 동물이기도 한 사람은 정감대情感帶도 폭넓게 누리려 하기 때문이다. 자연과 교감하고 거기서 찾아낸 아름다움을 확대·증폭시키고 싶은 것이다. 이런 탐구가 음악·미술 등 예술영역이겠고, 이의 향수享受 또한 '사람이 사람답게 살고 싶은' 인문성의 강력한 요구다. 얼마 전 수도권의 어느 예술대학이 '예술인문학'을 진흥하겠다 했는데, 이는 예술 사랑의 축적도 인문성의 필수요소임을 간파한 소치일 것이다.

대조되게, 어제 오늘 우리 사회의 인문학 열풍을 감당하는 교육 장치는 무엇보다 예술에 대한 감성 키우기에서 절대 함량미달이다. '석학 인문강좌' '시민 인문강좌' '시이오CEO 인문학 강좌' 등이 하나같이 문사철의 소재에 대해 '들려주기' 내지 '대신 책 읽어 주기'에 한정되어 있음이 안타깝다. 모두 기성인旣成人 상대의 단기강좌인지라 그럴 수밖에 없다 치더라도, 미래 인재들에게 인문성을 제고하겠다고 특별히 마련한 서울대학교 자유전공학부 과정도 예술영역에 관해선 '문학과 예술'이란 학과목 하나가 달랑 들어 있을 뿐이다. 그 시간을 통해 미술과 음악 등의 의미와 가치를 강조할 것임은 듣지 않아도 알 만하지만, 듣고 보기가 절대 요구인 체험교육이 어떻게 유효하게 실현될는지는 자못 의심스럽다.

이 지경에서 책이 강조하려는 취지는 분명하다. 무엇보다 인문성이 '문사철 견문＋예술 감성 고양', 즉 학예일치學藝一致가 절대 필수임을 말하려 함이다. 이 요구가 인문성의 균형된 노출에 목말라 하는 '어른'들에게 자극이 되기를, 그리고 당대當代에 그 실현이 아쉽고 어렵다면 학교와 더불어 가정에서 그런 취지의 씨앗이 자녀들에게 심어지게 하는 데 참고되었으면 좋겠다는 것이 나의 바람이다.

한편, 인문학의 개인적 실현을 일컬어 인문적 소양이라 한다면, 그 소양은 어느 경지까지 도달함이 바람직할까. 인문학의 근간인 문사철을 배운 뒤 그걸로 교직 등에서 생업을 찾는다면, 그 경우에 글쓰기야말로 직업적 요구에 대한 부응이자 동시에 살아가는 보람일 것이다.

생업과 직결되지 않아도, 문사철에 대한 견식見識이 강조된 교육을 받은 사람들에게 기대되는 바도 '글읽기의 좋아함'을 넘어 자기정체성을 체감할 수 있는 '글쓰기의 좋아함'이어야 할 것이다. 말하기의 문자文字 결정인 글쓰기는, 논술이 대학 입시의 중요 시험과목에 들 정도로 그 무게가 강조됨에서 알 수 있듯, 더불어 살아가는 세상살이에서 남들과 소통할 수 있는 필수 무기이자 '내가 나다움'을 확인할 수 있는 근거이기 때문이다.

글쓰기는 그 대상 소재에 따라 그 특성이 있기 마련. 이 점에서 글쓰기를 필수과목 하나로 삼은 서울대 자유교양학부에서 '인문학 글쓰기' '사회과학 글쓰기' '과학과 기술 글쓰기'로 나누어 교육함은 사리에 맞는 고안이다. 여기엔 그간 우리 사회가 쏟아낸 산만큼 많았던 공사公私 인쇄물들이 제대로 읽히지 않았던 사회적 차질을 깊이 성찰했기 때문이기도 할 것이다.

글이 읽히지 않았음은 글쓰기 방식의 답답함 때문이기도 했다. 이를테면 국민소통용 문건들이라 하지만 기실其實 '윗선'에 올린 이른바 '개조식個條式' 보고용 문안에다 약간 살을 붙인, 고작 사실fact 나열 위주의 사회과학적 글쓰기 방식만을 판에 박은 듯 따랐던 탓에 무미건조 일색이 되고 말았던 관행을, 대학 퇴직 이후 잠시 일했던 정부공직에서 직접 목격하고 통감했던 바다. 이런 성찰은 결코 어제오늘의 일도 아닌, 정부 안팎에서 진작 문제점으로 파악하고 있었음을 말해 주는 물증이 있다. 중앙정부 산하의 경제와 사회 분야의 정책을 감당하는 이십여 곳 각종 연구기관들을 관장하는 컨트롤타워인 '경제·인문사회연구회'가 바로 그것.

언뜻 보아도 정부조직 이름 치곤 좀 '애매한' 간판이다. 산하 정책연구기관 모두가 경제·사회 문제 전문임에도 굳이 인문연구에서 따왔음이 분명한 '인문'이란 낱말을 '엉뚱하게' 사이에 붙인 까닭은 무엇일까. 짐작하건대 정부정책 연구가 국민들에게 적극 다가가야 하겠는데 그러자면 연구내용으로 "인간이 인간답게 살 수 있는" 방도를 제안하겠다는 다짐의 한편으로 전달방법으로 국민들이 실감나게 읽을 수 있는 문체로 적어 보겠다는 분발이 아니었던가.

글쓰기 문체에서 어떤 대안이 있을까. 이를테면 혹독한 전투를 치른 장수가 그 참상을 '사망 몇 명, 부상 얼마' 로 보고함은 자못 사회과학 방식의 사실 나열에 지나지 않는다. 대신, 사실을 말함에 앞서 '싸움은 바로 지옥이었다' 는 비유의 말을 앞세웠다면 그 치열했음과 비참했음을 실감시켜 주고도 남지 않을까. 아무도 본 적도, 아무도 경험한 적도 없는 만큼 지옥이 분명 사실의 말이 아니어도, 의미전달에서는 무척 효과적인 진실 truth의 말이기 때문이다.

이쯤 해서 이 책의 또 다른 강조점을 적시한다면, 인문적 소양은 자신을 표현할 수 있는 글쓰기로 완성된다는 입장이다. 반평생을 대학교직에 있었던 나는 사회과학 전공이었다. 전공 공부의 과정에서도 그랬지만, 한때 유력 일간지의 비상임 논설위원으로 일하면서도 글쓰기의 중요성을 항상 마음에 유념해 왔다. 그 유념의 결실 하나가 '인문적 사회과학 글쓰기 생각' 이었던 것. 인문적 사회과학의 한 실현이라 자부하면서 이 책 후

반부에 수록했다. 당초 글은 내가 재직했던 대학원의 석박사생들을 위해 '한글' 파일로 배포했던 것인데, 좋게 읽어 준 이들이 대학입학에 부과되는 논술시험 준비에도 유효하다고 말해 주었던 덕분에 『월간조선』(2004년 4월호)에 「좋은 글을 쓰려면 짧고, 쉽고, 정확하게」의 제목으로도 전재된 바 있다. 여기서는 이 책 취지에 맞게 제목 등 극히 일부를 개고改稿했다.

마지막으로 책 내용 전개에서 통상의 인문학이란 낱말과 함께 '인문적 소양'이라 풀어 쓰는 등 '인문학적人文學的' 대신 '인문적人文的'이란 관형사를 자유롭게 사용한 까닭도 말해야겠다. 인간성 고양에 역점을 둔 자유학예적自由學藝的 발상법이 더러 인문학 구성의 '원조' 학문들에 의한 속 좁은 경계 짓기, 그리고 이를테면 '인문학은 고전읽기가 모두'인 듯 고집하는 식으로 그 틀 속에서 안주해 왔음을 비판적으로 성찰했음이 하나였고, 또 하나는 인문학적 발상법은 결코 학문 자체의 진흥만이 아니라 오히려 자신을 알고 싶고 때론 세상도 염려하게 되는, 사람들 모두가 갖추어야 할 광역대廣域帶의 관심이자 자질이란 사실을 전제로, 그만큼 '인문적'이란 낱말이 보다 폭넓은 관심을 포용한다고 여겼음이 또 하나였다.

그 사이, 단상短想·斷想이던 이 글 초고에 대해 긍정적으로 반응해 주고 훈수도 아끼지 않았던 '인문적' 동학 선배들에게 고마움을 말하고 싶다. 최명崔明 서울대 정치학과 명예교수, 송복宋復 연세대 명예교수, 이성낙李成洛 전 가천의대 총장, 김형윤金炯允 김형윤편집회사 대표, 박양호朴良浩 국토연구원 원장이 글을 먼저 읽어 준 분들이다. 그 가운데 특히 내 학문의 짧지 않은 여정에서 줄곧 큰 자극이 되어 주었던 '망구순望九旬' 정범모鄭範謨 전 한림대 총장이 고치면 좋을 부분을 깨알 같은 글씨로 적어 주었음은 역시 감동이었다. 강릉 선교장船橋莊의 열화당悅話堂이 창건 이백 주년을 조만간 맞게 되었다며 이를 기념하는 여러 일에 열의를 쏟아 오던 참에 그 옆길에서 남다른 관심을 갖고 이 소저小著를 펴내 준 이기웅李起雄 인형仁兄의 배려가 새삼 따사로웠다.

2013년 정초
저자 적음

차례

글쓰기에 관하여

인문적 소양이란?

인문학의 위기

고도 산업시대에 들고부터 우리 식자들이 자주 듣게 되었고, 그래서 공감하는 세상 염려 하나는 "인문학이 위기"라는 말이겠다. 대학의 입시 경쟁 동향이 시대 사정 내지 정서를 비추는 거울이 분명한데, 무엇보다 염려되는 바는 고등교육의 발상이라 알려진 인문대학 또는 인문 관련 학과의 인기가 진작 바닥을 쳤다는 것.

문제 발단의 하나는 산업 근대화가 본격화되던 1960년대 중반 즈음부터 응용 학문에 대한 관심이 높아지자 우수 학생의 인문계 진학이 크게 저조해지기 시작했음이었다. 질적 저하의 일부 진행에도 불구하고 1990년대까지만 해도 나라의 고도 성장 덕분에 인문계 졸업생의 취업도 별 차질이 없었다. 학생들은 "볼펜 한 자루만 있으면" 공부할 수 있고, 공급은 "흑판만 걸면 된다" 할 정도로 시설 투자가 덜 들어가는 인문학 분야 입학 정원 늘리기에 그즈음 대학들이 열심이었다. 이렇게 대폭 늘어난 인문계 정원들이 졸업해서 막상 사회로 진출할 시점에 이르자 일자리 찾기가 무척 어려워지고 말았다. 이 지경에서 인문계 학과의 인기는 그만 급전직하하고 말았다.(박영식, 『인문학 강의』, 2011) 이에 따라 대학들의 응급 조치라는 게 특히 제2외국어 학과를 많이 폐과시키고, 그 교수들로 하여금 영어를 가르치게 했다던가!

"인문교육이 밥 먹여 주나?!" 하면, 딴은 맞는 말이다. 하지만 인문 계통 학과 또는 대학이 증진하려는 인문학적 소양의 필요성이나 중요성이 평가절하로 굳어진다면, 그건 지나친 편견이자 오판이 아닐 수 없다.

편견임은 오늘의 고등교육이 전문성 취업 교육에 치우친 나머지, 대학의 또 다른 본령이던 '전인교육全人教育'에 소홀했다는 각계 반성에서 드러난다. 취업 '편향적' 교육을 받고 사회에 진출한 직업인이 장단기에 봉착하는 문제점이라 한다면, 최소한의 인간적 품위를 지탱하려는 자기 경계심의 함량 부족은 제쳐 두더라도,[1] 각자의 전문 지식 전개가 사회생활 또는 인간생활의 이모저모 파악과 정합整合되지 않음이라는 인식이겠다.

또한 오판인 것은, 사회 급변 속에서 개인의 지적 진정성 확인·확보에도 심각한 차질이 된다는 점이다. 인터넷 시대에 들어 더욱 그러한데, 정보 검색이 탁월한 '문명의 이기'이긴 하나, 정보의 진위나 가치를 분별할 지적 자산을 갖지 못한 경우 오히려 인터넷으로 말미암은 폐해가 적잖다. 특히 블로그에 등장한 글쓰기나 e북으로 개인이 책을 내는 자가自家 출판은 종이책과 달리 여과 장치가 없다. 우리가 문화라고 부르는 것은 "선별과 여과의 긴 과정"인데, 이 점에서 '쓰레기' 정보를 판단할 능력이 부족한 이들에겐 그 폐해가 예사롭지 않은 것이다.[2]

이 지경에 이르러 뜻있는 사람들이 모듬살이의 표리表裏와 동학動學을 이해할 필요성을 통감한다. 서구 쪽의 유수한 기업 시이오CEO 절반가량이 인류학 전공 출신이란 조사 결과도 곁눈질하면서, 뒤늦게 기업체와 정부 조직 간부들이 대학 등 고등교육 기관이 개설한 인문학 과정 이수에 열의를 보임이 요즘 우리 사회의 현주소다.

같은 맥락에서 요즘 일본의 여러 지방에서도 십구세기 말을 방불케 하는 의숙義塾 창설 붐이 일고 있다 한다. 우리도 서울 신촌 주변에 자리한 대학의 교수들이 뜻있는 대학생들의 호응을 받아 '작은 대학'을 설립하고는 거기서 동서양 고전 읽기의 모임을 계속했다.

드디어 우리 사회도 2012년 가을에 인문학적 소양교육의 집중적, 그리고 전문적 실시를 앞세운 사설私設 교육교정이 '서원書院'이란 이름으로 개설되었다.[3] 새로 생겨난 서원은 대학에 재학 중이거나 갓 졸업한 응모자에서 가려 뽑아 사 개월은 국내에서 학업 위주의 고등교육을, 사 개월은 미국 또는 중국의 제휴기관에서 현장 또는 현업 위주의 실무교육을 시행하는 장치다. 대학의 두 학기 분량의 교육과정인 셈인데, 원생들이 기숙사 생활을 해야 한다는 사실이 말해 주듯, 교육 강도가 무척 높은 과정이라 한다.

위에 소개한 서원 교육과정으로 말한다면 '사회과학적 인문학'에 대한 관심이 특징이라 하겠는데, 이에 상응하게 '과학기술적 인문학'도 당연히 있어야 하고, 있을 법하다. 고맙게도 이미 그런 취지의 교육과정이 꽤 진작부터 작동하고 있었다. 우리 사회의 과학과 기술을 책임지겠다는, 그래서 한국의 엠아이티MIT라는 자부로 1980년대 초에 태어난 고등교육이 카이스트KAIST 대학교. 바로 그 안에 2006년에 이르러 "관심인사들의 의표를 찌르듯" 문화과학대학을 설립한 것은 디지털 기술이 삶의 변화를 가져오면서 과학기술, 인문학, 사회과학, 예술, 디자인 등 다양한 학문 분야들 간의 교류와 융합이 문화산업적 차원의 국가 경쟁력 강화에 절대필수라는 판단에 근거했다 한다.[4] 과학·기술 전공자 가운데 인문학적 소양에 대해 눈길을 주었던 이가 과학사 또는 기술발달사에 관심이 있던 극소수 인사 말고는 전무했다는 이전에 견준다면, 참으로 환골탈태 換骨奪胎의 발상법 전환이 아닐 수 없다.

'인문적 소양'은 무엇을 함의하는가

인문학적 소양이 무엇을 내포內包함인지는 연구자나 교육자의 시각에 따라 무척 다양하다. 고전古典 읽기가 핵심이라[5] 보는 의견으로부터 '무심한' 자연현상마저 삶의 유정有情함인 희로애락으로 비추는 글쓰기라든지,[6] 마침내 시심詩心도 헤아릴 줄 아는 뜨거운 가슴의 인격화 또는 생활화에 이르기까지 그 파악의 입장은 각가지다.

이 글을 적는 필자도 나름으로 인문학적 소양에 대한 소견을 축적할 기회가 있었다. 고등교육을 배우기 시작한 이후 대학 교직에서 반생을 보내는 동안 개인적으로 인문학적 소양을 생활의 여유로 체화體化하려 했고, 직업상 그 소양을 교육적으로 전파시킬 수 없을까도, 오래 고심했다.

개인 신상으로 말하면, 초유의 학생 혁명 여파로 자유주의 분위기가 폭주하기 시작했고, 그 사이로 근대화의 물결이 강습하던 1960년 그해, 이 나라 인문교육의 본산이라 불리던 대학에 들었던 덕분에 일찍이 미술·문학·음악 등 이른바 고급 문화의 향기, 향기까지는 아닐지라도 적어도 그 중요성에 진작 노출되기도 했다. 그리고 도시계획이 전공이던 대학 교직에서는 도시 같은 장소가 비약하자면 전통적 성장 산업을 넘어 문화가 가미된 발전책이 필요하다는, 이른바 '장소판촉론Place-marketing'에 깊이 파고들어 그 분야 입문서도 집필했다(『고장의 문화판촉』, 2002). 이들 전력을 토대로 도대체 인문학적 소양이 무엇을 함의含意함인지, 그에 대한 수상隨想을 여기서 자유롭게 적어 보려 한다.

자유학예─문文·사史·철哲·예藝

우리가 말하는 인문학적 소양은 일단 십삼세기 서구에서 처음 생겨났던 초기 대학의 역할에서 비롯된 것이다. 초기 대학은 "사람을 사람답게 만드는" 전인교육에 주력했다. 이후 여기에 르네상스 인문주의 또는 계몽주의 휴머니즘이 보태지면서 가르침의 학문은 무엇보다 첫째, 앞서 이루어진 문명 속에서 선인이 남긴 발자취를 살펴보는 역사 연구, 둘째, 사람의 이상과 가치를 탐색하는 철학 연구, 그리고 셋째, 사람의 생각을 표현하는 데에 필수인 어-문학 공부가 중심에 자리 잡았다. 우리가 오늘날 '문사철文史哲'이라 말하는 그 연구와 가르침이었다.

여기에 사람의 정신을 더 위대하게 가꿀 수 있는 미술과 음악과 체육 등의 기예技藝도 보태어졌다. 문사철과 기예는 사람을 선량하고 자유스럽게 만들 수 있다 하여 이들 연구를 통틀어 '자유학예liberal arts'라 불렀다.[7]

자유학예를 중심으로 "도대체 사람이란 어떤 존재인가?"를 따지던 연구가 사람 자체에 대한 관심으로만 그치지 않았다. 근대화시대에 들면서 사람의 대對사회 및 자연 관계도 탐색하게 되었음은 사태 발전의 당연한 순서였다.

먼저 사람과 사회의 관계에 대한 관심은 '사회적인 동물' 인 사람이 만들어 놓은 정치·경제·종교 따위의 사회제도가 대상이었다. 사회제도 탐구는 특히 산업혁명을 동력으로 근대화가 시작되고부터로서, 사람이 꾸려 가는 사회제도가 복잡해지자 '사회에 대한 연구' 가 활발해졌다. 바로 사회과학의 시발이었다.

사회과학의 등장과 함께 생명체이기도 한 사람, 그리고 사람의 삶을 조건 짓는 자연환경을 탐색하려는 노력도 활발해졌다. 바야흐로 자연과학의 성립을 이끌었다.[8]

이렇게 인문학적 소양의 구성이 늘어나고 보태졌다. 늘어나고 보태지면 나누어지기 마련이다. 순수 연구활동 가운데서 문사철의 인문연구(또는 '인문과학')와 과학연구(사회과학과 자연과학)가 서로 전문화하기 시작했다. 인문연구가 인간성 발휘에 대한 탐색인 데 견주어, 과학은 사람 삶을 조건 짓는 사회적인 힘(사회과학의 대상)이나 자연현상(자연과학의 대상)에 대한 연구로 전문화되었다.

문사철은 흔히들 정신과학이라 부른다. 인간성의 발휘에 관심을 가진 만큼 사람의 개성, 예기할 수 없음, 복잡성, 독창성에 눈길을 주기 때문이다. 그리하여 현실·운명·행운·의지·자유·행복·평화·비극 같은 사람의 삶을 극적이고 감성적인 언어로 나타내려는 사고와 상상의 탐색에 주력한다.

과학은 연구방법에서도 문사철과 대비된다. 과학은 다양한 낱낱의 현상에서 가변성 대신에 일정성을, 개별성 대신에 통합성을, 이질성 대신에 동질성을 찾으려 한다. 이처럼 과학은 사실·법칙·이유 따위를 객관적인 언어로 나타내려는 합리적인 이해의 표현이요 그 산물이다.

인문학, 세상에 대한 관심과 안목의 함양

이쯤해서 전인교육이 기대하는 인문학적 소양의 전모가 드러났다. 인문학적 교육을 문사철에만 한정하는 가장 협의의 시각부터 아산서원의 교육과정처럼 정치학과 경제학 위주의 사회과학적 식견을 보탠 경우 또는 카이스트KAIST 대학교 문화과학대학처럼 과학기술에다 문사철, 예술 그리고 사회과학까지 보탠 경우로 확장되기도 한다.[9] 이보다 더 확대되었던 경우로 문사철 연구를 기조로 사회과학, 그리고 자연과학도 보태졌던 것이 1973년에 서울대학교가 종합화되기 이전의 옛 '문리과대학College of Liberal Arts and Sciences' 시절이 아니었나 싶다.[10] 그 시절, 사회학 전공이던 필자가 학부 사 년 과정에서 이수해야 했던 필수 교양과목에 자연과학 기초과목도 포함되어 있었다. 그렇게 기초 자연과학에 대한 이해도 기대했던 것이 가장 정통이자 정당한 인문학 교육 교과과정이었다고 돌이켜 생각된다.

특히 사회학 전공이던 내 입장에서 그렇게 생각하는 까닭은 여럿이다.

첫째, 사회과학 용어는 그 팔 할이 물리학 등 자연과학에서 유래했다. 이를테면, 지역 격차가 심화되는 현상을 '분극화polarization'라 이름하기도 했고, 선택에 특별한 쏠림이 없이 무작위無作爲의 행선지行先地로 사람들이 이동할 찬스를 일컬어 '엔트로피entropy의 극대'라는 물리학의 열역학熱力學 법칙을 인용하기도 했다. 뉴턴I. Newton 이전만 해도 물리학이 철학의 한 분과였던 배경도 작용했을 것이다.

둘째, 인문학 소양에 자연과학 기초에 대한 이해도 필수라고 생각했음이 우리의 전통이기도 했다. 조선시대 선비들에게 기대되는 자질에 수리數理의 이해도 포함되어 있었다는 말이다. 선비들 지향점의 절대 기준이던 공자가 한때 곡식 창고를 관장했던, 요즘 말로 회계직으로 일했던 사실을 근거로 산학算學의 중요성과 필요성을 인식했던 것이다.[11]

셋째, 현대 사회과학 공부에서 통계학 지식이 필수이고, 우리 일상생활에서도 물가지수, 주식지수 등의 이해에는 수학적 지식이 전제된다. 그만큼 자연과학 기초의 이해는 '사람이 사람답게' 살아가는 데 기대되는 필수 자질에 속함이 분명하다.

넷째, 똑같은 논리의 역逆으로 자연과학이나 공학 전공자가 전문 분야 공부를 넘어 장차 일반 행정가 또는 경영자로 자랄 가능성과 개연성에 대비하는 인문학적 소양의 함양도 중요하다. 이를 위해 역시 문사철에다 관련 사회과학의 공부에 입문하도록 유도함도 인문학 교학敎學이 장차 크게 염두에 두어야 할 바라 하겠다.

이렇게 길러지고 체득하게 된 인문학적 소양의 현대적 실현은 마침내 이 시대 사회과학에서 사람의 행복을 대표하는 것이라 궁리해낸 '삶의 질the quality of life'을 가름하는 핵심 변수에 가장 근접했지 싶다. 삶의 형편을 그 사이, 일인당 경제소득, 사회차별 완화, 쾌적 환경 등을 차례로 갖가지 많은 변수들이 나름의 설득력을 갖고 강조, 나열, 조합되어 왔다. 그러나 두루 납득할 만한 변수로 마침내 등장한 것이 사람이 살아가고 있는 이 세상살이의 요체를 꿰뚫어 볼 수 있는 능력이 바야흐로 '사람이 사람답게 살아가는 데' 결정적인 요인이라 했다. 개인 나름으로 인생관이라 할지, 세계관이라 할지가 갖추어진 경지라 하겠는데, 이것이야말로 인문학적 소양이 생활방식으

로 자리 잡은 경우라 할 것이다.[12]

이 경우의 인문학적 소양은 우리나라 대학의 통상적 체제에서 인문대학이 다루는 문사철 전공 또는 관련 소양의 배움에 국한된 것이 아닌, 사회가 되었건 자연이 되었건, 세상에 대한 관심과 안목의 함양이라 할 것이다. 바로 이 때문에 "인문학이 '학'이라기보다는 방법이고 정신"이란 지적은 설득력이 있다고 생각한다. 달리 말해, 문사철 위주의 '인문학'이 아니라 "'인문적' 과학, '인문적' 사회과학, '인문적' 경제학 같은 것을 낳을 수도 있을 것"이라는 제안(김영식, 『인문학과 과학』, 2009)은 필자가 이 글에서 공감해서 따라 취하는 입장이기도 하다.

전인교육, 완결된 대학의 기능

문사철(인문연구), 사회과학 또는 자연과학 가운데 어느 전공이든 인문성이 강조된 전인교육의 이수는 먼저 의학전문대학원 또는 법학전문대학원으로 진학하는 경우가 말해 주듯, 취업으로 이어질 가능성의 전 단계였다. 가능성보다는 찬스는 낮지만, 그 자체로도 일단 취업으로 이어질 수 있는 개연성은 있었으니 전인교육만 받고 취업으로 나아간 경우는 배운 사람은 가르치는 사람이 될 만했던 전례에 따라 교사 또는 교수가 되었고, 방송 등 미디어산업이 크게 늘어난 최근에는 일자리 수 비록 한정되었을 지라도 '작가'로 일자리를 넓혀 왔다. 이런 극히 한정된 진출 정형定型 말고는 각자가 '자기 개발적'으로 각계에 진출할 도리밖에 없었다. 이 지경에서 어제오늘 우리 대학들이 인문학 전공 졸업생의 취업을 돕는 길이라며 기대 반, 염려 반으로 취업에 성공한 선배들의 경험담을 통해 취업에 도움이 되는 경력 쌓기 곧 '스펙'에 대해 들려주려고 부

심해 왔다. [13]

그런데 무엇보다 전인교육 또는 인문성교육은 국가사회 또는 시민사회를 지탱·발전시킬 수 있는 사회자본 social capital의 축적 노릇이 괄목할 만했다. 장래 사회 지도층인 리더십 leadership, 그리고 개별 민주 국민에게 기대되는 시민성 citizenship 기르기에 역점을 두었던 만큼, 사람을 사람답게 가르침이 목적인 전인교육은 그 자체로도 완결된 대학의 기능이었다. 전인교육의 이런 내력을 참고·감안할 때, 앞서 말했던 우리 사회에 새로 생겨난 교육장치인 아산서원이 인문적 소양 교육을 강조하고 나섰음은 우리 대학교육이 사회지도층 육성에 소홀했던 부분을 보충하려는 '인문적 사회과학' 교육과정이라 하겠다.

보충의 필요성과 중요성은 이 시대 대학들이 보여 준 '변질'에서 새삼 확인되고도 남는다. 제이차세계대전 이후 특히 미국 쪽에서 연구와 가르침 곧 연학研學이 본디 기능이던 대학에 연구·개발R/D 같은 사회봉사 기능이 중요 역할의 하나로 더 보태졌음과 관련이 있다.

대학의 역할에 사회봉사가 보태짐에 따라 교수는 한결 바빠졌다. 연쇄적으로 사제師弟 간 친면親面으로 교육이 이뤄지던 '유니버시티university'의 원형질이 아쉽게도 무너졌다. 그 결과, 대학의 인적 구성 사이가 대단히 '사무적'이 되고 만 '멀티버스티multi-versity'로 변질되었다.(Clark Kerr, *The Use of University*, 1963)

압축 근대화를 실현하는 과정에서 우리도 '산학협동'을 강조해 왔다. 이 여파로 종합화·대형화된 우리 대학 역시 그런 전철을 밟고 있다.

우리의 전통교육

서구의 대학이 사람을 자유롭게 만들려는 기관이었음에 견주어, 우리의 전통 교육제도는 나라의 지배계층 배출과 직접으로 연관되었다. 조선시대에 양인良人 가운데서 문관文官을 가려 뽑을 때 두 단계 채용시험을 거쳤다. 소과小科는 유학의 고전인 사서四書(『논어論語』『맹자孟子』『중용中庸』『대학大學』)와 오경五經(『시경詩經』『서경書經』『역경易經』『예기禮記』『춘추春秋』)을 시험했고, 대과大科는 시부詩賦 짓기, "품고 있는 생각을 적어 군주에게 올리는 글"인 '표表', 그리고 "정치 관련 계책 제안"인 '책策', 요즘말로 정책 제안서 또는 참모 보고서를 쓰게 하는 시험이었다. 향교 등지에서 교육을 받고 소과시험에 합격하면 성균관에 입학해서 대과시험을 예비했다.

교육을 받아 과거시험 주변을, 등과登科 여부 간에, 오간 사람을 선비라 했다.[14] 일차적으로 독서하는 사람이란 뜻이었다. 독서를 했으니 학식이 있다는 말이었고, 기대컨대 학식에 더해

'예절 바르고 의리 지키는' 인품의 주인공이어야 했다.

말처럼 학덕學德과 인덕人德을 겸비한 선비를 군자君子라 불렀다. 군자의 과업이라면 그 시절의 예절과 교양을 나열한 『소학小學』 가르침을 내재화하는 '수기修己'를 이룬 연후, 세상에 나아가서 백성의 삶을 편안하게 다스리는 '치인治人'의 노릇을 감당함이었다.

'수기치인修己治人'을 이상으로 삼았던 선비들은 우선 머리의 식견으로 육경(오경+『악기樂記』) 가운데 적어도 하나를 전공으로 하여 이를 상세히 알고 실천할 수 있는 사람이었다. 더불어 마음의 감성으로 예절·음악·활쏘기·말타기·글(씨)쓰기·셈하기[禮樂射御書數]인 육예六藝,[15] 또는 시작詩作·글(씨)쓰기·그림그리기·바둑·거문고·활쏘기[詩書畵碁琴射]의 육예 가운데 적어도 하나의 기예에 정통한 사람이어야 했다. 강조하면, 선비교육은 학문과 예술을 동시에 가르치고 익힘인 '학예일치學藝一致'에 역점을 두었음이 큰 특징이었다.

옛 우리의 학예일치 교육은 개념적으로 서구 대학에서 강조해온 인문학적 소양과 꽤 닮았다. 문사철 가운데 '사철史哲'은 세상 질서의 원리를 담은 『맹자』 같은 경서經書, 그리고 당시의 세계사라 할 수 있는 『춘추』 같은 사서史書에,[16] 그리고 문사철의 '문'은 선비가 갖추어야 할 덕목이던 시詩와 서書에 해당함이었다.

시·서의 읽기와 적기는 쓰기의 기예, 곧 서예書藝로 뒷받침되었다. 선비의 덕목이 된 서예는 필법이 장차 그림의 작법과도 닮았기에 서화일체書畵一體·서화동원書畵同源 원리가 상식이 되었다. 여기서 말하는 '서'는 요즘의 서예는 말할 것 없고, '시'의 문학도 말함이었다. 그리고 선비의 또 다른 이름이기도 한 '문인文人'이란 대개 시인이면서 서예가나 화가를 동시에 겸하고 있었다. 이 점은 전통시대 우리도 열심히 읽었던 소동파蘇東坡(1036-1101)가 "시 속에 그림이 있고 그림 속에 시가 있다(詩中有畵 畵中有詩)"했음에서 극적으로 확인되기도 했다.[17] 이런 배움 끝에 『열하일기熱河日記』를 쓴 조선후기 실학자 박지원朴趾源(1737-1806)도 "대체로 그림을 모르는 사람치고 시를 아는 사람은 없는 법"이라 잘라 말했던 것이다.

그만큼 시·서의 문자교육이 서화의 감성교육으로도 이어질 소지였다.[18] 그래서 드물게나마 두루 정통한 이가 등장할 수 있었다. 이를테면, 조선후기 유명 서화가 김정희金正喜(1786-

1856) 같은 경우를 염두에 두고, '시서화詩書畵 삼절三絶'이라 불렀다. 이런 발상법에 대해 조선시대 선비들이 무척 공감하긴 했지만, 한정된 관심 인사들끼리 서로의 예술적 취향을 자극하는 동인활동이나 사숙私塾 모임만을 가졌을 뿐 교육제도로는 발전하지 못했다. 시서화 삼절이 '타고나는 바生而知之'이지, '배워서 이루는 바學而知之'는 아니라 믿어서였을까.

일상성과 초월성을 아우르는 '인문人文'

서구, 그리고 우리도 역점을 두었던 연구의 내력은 그렇다 치고 연구의 대상인 '인문人文'은 무엇을 지칭함인가. 그건 한마디로 '인간문화'를 말함이다.[19]

무엇이 인간문화인가. 거두절미, 사람 삶의 방식the way of life이 인간문화다. 여기엔 사람이 생존을 영위하기 위해 안간힘을 써야 하는 현실, 곧 일상성日常性, 그리고 또 한편으로 그 현실을 좀 더 확장하고 개선하려는 꿈, 곧 초월성超越性, 이 두 대척對蹠을 동시에 아우른다.

일상성은 사람이 생명체로서 생존을 영위해 나가는 일상적인 요구와 그 실현이다. 주위에 가족이 있고, 동네가 있고, 그 너머로 공동체 같은 사회환경, 그리고 삶의 터전인 자연환경이 있다. 그 속에서 삶이 안정적으로 꾸려져 나가려 함에서 일상성이 발견된다. 일상성은 일종의 안주安住 같은 것이다.

그런데, 사람은 타고나기를 묘한 존재인지라 삶의 여건이 웬만큼 보장되는 일상성에 결코 만족하는 법이 없다. 안정성의 한 편으로 상투성常套性이나 번채煩彩로움도 따름이 일상인데, 이 반복되어 자칫 지루하기도 한 일상을 뛰어넘어 이전에 체험하지 못했고, 알지 못했던 새로운 세계로 나아가고 싶어 한다. 하늘을 날고 싶고, 하느님을 만나보고 싶다. 말없는 자연과 교감하고 싶고, 일상의 성공인을 넘어 '신선'이나 '도인'도 되고 싶다.

보기에 따라선 도인이 그렇게 먼 개념이 아닐 수도 있다. 스스로의 일에 보람을 느껴 그 일과 혼연일치로 보일 지경에 이른 사람을 일컫는 말이기도 했음은, 송宋나라 혜개慧開 스님이 인생살이 도처에 득도의 길이 없지 않다고 타일렀음에서도 짚어진다.

대도에 문이 없으니	大道無門
길이 천 갈래라	千差有路
이 관문을 통과하면	透得此關
하늘땅을 홀로 걸으리	乾坤獨步

했다. '하늘땅을 홀로 걸을 수 있는' 경지의 사람이 바로 도인

이란 말이었다.

생활문화와 고급문화

"사람은 역사도 만들고 지리도 만든다." 사람 삶이 무엇보다 시간과 공간의 제약 속에서 이뤄진다는 말이기도 하다.

그 제약 속에서 사람이 펼쳐 가는 문화는 일상성이 지배하는 생활문화, 그리고 초월성이 강조되는 고급문화로 대별된다. 사람 생활의 기초조건인 '의식주衣食住'에 '행육락行育樂' 곧 교통 편의의 행, 교육의 육, 그리고 여가생활 또는 오락의 낙이 보태진 것이 생활문화요, 사람의 꿈과 이상理想이 담아낸 문학·미술·음악 등의 예술분야가 대표적으로 고급문화에 든다. 전자가 개인생활과 가정생활을 지켜주는 장치임에 견주어, 후자는 마음의 양식들이다. 그리고 전자는 '부족동기'라고 부족이 채워지면 더 이상의 요구가 비교적 덜 발생하는 편이지만, 후자는 '성장동기'로서 좋은 것을 만날수록 더 좋은 것을 더욱 갖고 싶어 하는, 아무리 채워도 채워질 수 없는 갈증이다.

고급문화는 생활문화의 확대·연장선에 있다고 보는 것이 중론

衆論이다.[20] "품고 있는 생각"이란 뜻인 '복안腹案'이란 낱말이 배가 불러야 생각이 떠오른다는 일상의 진리에서 유래한 말이듯, 생활문화가 넉넉해지면 고급문화에 대한 선호가 생겨나기 마련이라는 말이기도 하고,[21] 생활문화 가운데 큰 비중 하나인 낙樂 또는 오락娛樂의 행위, 곧 대중문화popular culture가 일부 고급문화의 세속화世俗化 효과란 말이기도 하다.[22]

대중문화는 통속소설, 유행 음악, 만화, 관광, 텔레비전 시청처럼 훈련이 없이도 즐길 수 있는 시간 소비 방식이다. 쉽게 듣고, 보고, 생각할 수 있음이 특징이다. 문학·미술·(고전)음악 등 고급문화를 즐기자면 배움의 노력과 시간이 필요한, 다시 말해 소비 기술 습득의 교육이 필요한 경우와 대조된다.[23]

'아름다움'에 관하여

'꽃'이란 낱말처럼, '문화'도 폭넓고 친근한 개념이다. 우선 꽃이라 하면 식물의 번식을 감당하는 생체조직이란 뜻의 가치 중립적인 말이다. 하지만 그 모양이 말해 주듯, 아름다움의 표상이요 상징이라는 점에서 오히려 가치판단적 말로 널리 통용된다.

문화도 마찬가지로 '생활방식'이란 가치중립적 뜻임에 더해, 예술문화에 담긴 '향기'처럼 오히려 무언가 바람직한 가치의 구현이란 가치 담지擔持의 낱말로 다가온다. 이를테면 고급의 예술문화가 감동·격조와 동의어가 되듯, 굳이 그런 조어造語가 가능하다면, '정치문화'에선 도덕성·투명성에 대한 백성들의 기대가 담겨 있고, '운전문화'에선 안전과 질서의 준법운전을 강조함까지 확장될 정도로 '좋은 말'의 전형이 되고 있다.

마침내 생활문화와 예술문화는, 함의가 제가끔 일지라도, 그

공통인자는 엄연하다. '문화'라는 공통 단어가 시사하듯, 개인적으로, 그리고 사회적으로 사람들이 보편적으로 기대하는 바람직한 가치의 실현이란 뜻이 두루 담겨 있는 것이다. 그 바람직한 가치란 외마디로 '아름다움'이라 말해도 좋을 터다.

아름다움은 오지랖이 넓은 넉넉한 낱말이다. '깨끗하고, 밝고, 예쁜 것'이 모두 아름다움에 속한다. 반드시 외형의 예쁨만을 지칭하지 않는다. "사람 행실이 아름답다" 하면 그 사람이 착하다는 뜻이다. 이처럼 '아름다움'이 '착함'과 한 통속이자 불가분이자 동시 병행이라 여기는 발상법 덕분에 착한 행동, 곧 선행善行을 입에 올림을 미담美談이라 일컫고, 좋은 글을 미문美文 또는 선필善筆이라 한다.

아름다움의 갈구와 추구는 사람의 타고난 본성이다. 생활문화의 의·식·주가 각각 미장美裝·미미美味·안거安居의 추구가 특색인데, 이 낱말들의 어두語頭가 한결같이 아름다움 또는 그 계열 글자들이다.

고급문화의 전파와 향유享有 또한 '미육美育'의 핵심 과제다. 채색·음성·언어 형상에 의하여 미를 표현하는 수단인 미술·음악·작문 등 예술을 교과로 아름다움의 감상을 통해 미적 정서를 함양해서 마침내 인품을 고상하게 도약시키려 한다.

고급문화의 소비는 하나같이 사람 꿈을 현전現前 또는 유감類感시켜 준다. 동양화에서 산수화山水畵는 나이를 먹어 사람들이 산천유람을 더 이상 할 수 없게 된 지경에서 "앉은 채로 강산을 유람한다."는 뜻의 '와유강산臥遊江山'을 실현하려 했음이 그 발달 배경의 하나였다.

이승의 사람들이 유토피아의 피안을 동경하는 데 문자 말고는 거기에 도달할 방도가 없는 까닭에 등장한 것이 문학이라고 소설가 박경리朴景利(1926-2008)가 말했다. 그런 문자의 정수가 바로 시작詩作이다. 시가 마음에 꽂힘 또는 울림을 시심이라 한다면, 그 지경을 일러 "서정적 자아의 소우주 속에서 순간적으로 세계가 조명됨"이라 했다던가.[24]

문자를 만들어냈듯, 사람은 아름다운 소리를 만들어낸 존재다. 물체와 물체를 부딪치면서 나는 소리[音, sound], 특히 인체 조직이 서로 부딪쳐 나오는 목소리[聲, voice]를 조합해서 자연에서 존재하지 않는 아름다운 음악을 인위로 만들어내자, 거기에 사람의 감응함이 "하늘과 땅이 크게 어울림(大樂如天地同和)"과 같은 감동이 되고 있다.[25]

이처럼 '아름다움'이 생활문화이든 고급문화이든, 문화의 대표 상징이다. 그 '아름다움'이란 우리말은 일설一說로 '알음'에서 유래했다는데, 알음이란 '내私'라는 옛 뜻이 그 유래였다는 점에서 '아름답다'는 '제 마음에 어울린다' '나답다'란 뜻이라 한다.[26]

'나답다'는 성취 또는 보람의 순간에서 스스로가 세상의 전부인양 여겨지는 마음 뿌듯한 상황이다. 태어나면서부터 죽음이 예정된 생명체임에도 곧잘 영원성을 갈구하는 그런 모순의 존재가 바로 사람인데도, 이를테면 독서, 서화 붓놀림, 스포츠 등 좋아하는 일에 흠뻑 빠져 "과거에 대한 후회도 없고 미래에 대한 불안도 없는 지금 여기Here and now"만이 가슴 가득이 느껴지는 '무시無時', 곧 '시간이 흐르지 않는다'고 여겨지는 순간이야말로 사람들의 한결같은 꿈인 '영원'이고, 그럴 즈음의 자신이 나다움의 순간이라 말할 수 있다.

마음의 지혜

인문학적 소양은 자고로 대학이 앞장서서 감당해 온 교육이었다. 교육이 필요했던 부문은 모두 고급문화 영역이었다. 고급문화에는 미술·음악·문학 같은 예술문화는 말할 것도 없고 학술도 포함되었다.

이 가운데 예술문화는 '좋아하는' 노릇이고, 학술은 '알아내는' 노릇인데, 그 대비對比는 역시 공자의 풀이가 적절했다. "아는 것[知]이 좋아함[好]만 못하고, 좋아함이 즐김[樂]만 못하다" 했다.[27] 이 구절에서 우선 세상을 살면서 사람이 구하는 노릇에는 첫째 알려 함, 둘째 좋아함, 그리고 셋째 즐김의 세 가지 경지가 있다 함이 하나이고, 그 경지 가운데 일단 좋아함, 곧 감성으로 대상을 품에 안음이 머리로 대상을 알려하는 지성보다 더 중요하다는 지적이 또 하나다.[28]

감성을 강조하는 발상이야말로 특히 이성만능시대에 살고 있는 이 시대 사람들이 마음의 중요성을 쉽게 간과看過하고 있음에 대한 경종이 아닐 수 없다. 이 연장으로 이른바 공자 정신의 요체는 머리의 지성보다 오히려 마음의 감성이 녹아든 예술정신을 더 높이 받듦에서 찾을 수 있다 했다. 『시경』에 실린 시 삼백 편을 한마디로 줄이면 "사악한 생각이 하나도 없다(思無邪)"고 간명직절하게 설파했던 것이니, 시를 적는 마음의 궁극은 나쁜 생각을 담지 않음이다. 이게 바로 아름다움의 구가謳歌인 예술정신이고, 이를 높이 받듦이 공자주의의 정수라고 후대後代가 정리했다.

사악한 생각이 없음은 공자가 사람을 평가하는 기준이기도 했다. 완성의 경지에 가까이 간 인격을 일러 공자는 '가여언시可與言詩' 곧 "더불어 시를 말할 수 있음"이라 했다.[29] 공자의 의중에 있는 시가 감상感傷에 잔뜩 젖어 노래하는 음풍농월吟風弄月을 말함은 물론 아니었다. 정다산丁茶山이 읽은 대로, 공자의 시 정신이란 "착한 것을 들어서 감발感發시키고 악한 것은 듣고서 잘못을 뉘우치게 한다" 했다.[30]

공자의 시 정신에 유사한 서양의 발상법으로 나는 영국의 수필 문학가 기싱 G.Gissing(1857-1903)에서도 읽었다.[31]

"나는 바보스럽게도 고고한지라, 지성과 학식에 의하여 인간의 가치를 판단했었다. 논리가 없는 곳에선 '선'을 발견할 수 없었으며, 학식이 없는 곳에선 '미'를 찾을 수 없었다. 이제야 지혜의 두 가지 형식, 즉 두뇌의 지혜와 마음의 지혜를 구별해야 한다고 생각하게 됐다. 그런데 후자, 즉 마음의 지혜가 훨씬 더 중요한 것이라고 생각하게 되었다. 지성 같은 것은 아무래도 좋다고 하는 말엔 경계를 해야 한다. 바보는 귀찮을뿐더러 해로운 것이니까. 하지만 내가 아는 훌륭한 사람들은 바보 같은 행위를 지력으로써 구제하는 것이 아니라 마음으로써 구제하였던 것이다. 그들이 내 앞에 나타나는 것을 보면, 무지하고 편견이 심하고 잘못된 이론에 빠질 가능성이 많은 것처럼 보이지만, 얼굴에는 친절과 상냥함과 겸손함과 관대함이 넘쳐흐른다. 그들은 이런 성질을 가짐과 동시에 그것을 어떻게 사용할 것인가를 알고 있다. 그들은 마음의 지혜를 가진 사람들이니까."

여기서 '마음의 지혜'가 바로 시정신에 맞닿고 있지 싶은 것이다.

맹자의 앎, 공자의 좋아함, 도연명의 즐김

현대 한국의 지식지평에도 지대한 영향력을 남긴 중국 발發 동양사상의 골간을 셋으로 정리한 데서도 예술문화의 정신을 압축한 위의 공자孔子 말이 먼저 나온다. 더해서 '사람을 다스리는' 위인爲人의 노릇은 맹자孟子에서, 그리고 궁극으로 사람 개개인이 자연과 동화하는 경지가 마침내 자신의 위함인 '위기爲己'가 된다는 도가적道家的 발상은 도연명陶淵明에서 찾을 수 있다 했다.[32]

맹자는 이른바 사회 지도층인 군자의 처신에 대해 "벼슬에 나아가서는 도에 벗어나지 않고, 벼슬에 물러나서는 의를 잃지 않음(達不離道 窮不失義)"이라 했다.[33] 그런데 인간사의 궁극은 자연의 이치를 깨닫고, 가능하다면 거기에 동화 내지 귀의하는 경지에 있다. 이 경지에 이르면 "내가 자연이고 자연이 곧 내"가 되는, 그래서 공자가 말하는 '즐김[樂]'에 이름이겠다. 이를 굳이 글로 적자면 바로 "멀거니 남산을 바라본다"란 도연명陶

淵明의 시 구절에서 절정에 이른다 했다.

그의 「음주飮酒」 열두 수 가운데 다섯째 시의 한 구절이 "동쪽 울타리 아래 국화를 따다가(彩菊東籬下), 멀거니 남산을 바라본 다(悠然見南山)"인데,[34] 뒤 대구對句를 일본 교토의 료안지龍安寺 가 자랑하는 석정石庭의 미학으로 차용해서, 정원을 보려면 거 쳐 가야 하는 대청大廳 입구에다 그 글귀를 크게 적어 유리 족 자에 담아 놓고 있다.[35] 석정은 '가레산스이枯山水'라 해서 돌 과 모래만으로 물 없이도 정원을 꾸밀 수 있다는 독창적 발상 이 담긴 일본 정원 양식인 것. 그저 돌 몇 덩이라도 내 맘에서 잡아낸 심상心想대로 배열해 놓기만 하면 그것이 절제와 고요 속에서 나만의 작은 소우주小宇宙 정원이 된다고 여기는 자연 동화 또는 풍류의 극치라 하겠다.

이 연장으로 필자는 맹자의 경세經世 지혜, 그리고 도연명의 자 연동화주의에 가장 가까이 다가간 좋은 배움의 경지를 문자로 만난 적 있다. 조선시대에 가장 걸출한 여류 한 분이던 안동장 씨安東張氏(1598-1680)의 간명한 시가 바로 그것.

먼저 지혜 알기 또는 익히기는 이 정도가 되어야 하지 않을까 싶었다.

성인이 계시던 때 나지 못하고	不生聖人時
성인의 얼굴 뵙지 못하지만	不見聖人面
성인의 말씀 들을 수 있으니	聖人言可聞
성인의 마음 볼 수 있네	聖人心可見

배움이 경지에 간 덕분인지 자연동화도 절절하다.

창밖에 쓸쓸히 비가 내리니	窓外雨蕭蕭
그 소리가 그대로 자연이라	蕭蕭自然聲
내 자연의 소리 들으니	我聞自然聲
내 마음 또한 자연이로다	我心亦自然

다시 공자의 '지호락知好樂' 비교론으로 돌아가 본다. 중국의 고전 사상세계를 대표한다는 세 지평에서 맹자의 가르침은 앎[知]의 대상이요, 『시경詩經』에 실린 '시삼백詩三百'은 공자가 좋아했음[好]이요, 산천의 의연함은 도연명의 즐김[樂]이었다.

고급문화 생산과 소비의 사회적 가치

요즘 뜻있는 사계斯界 또는 제도권에서 역점을 두려는 인문학적 소양은 인류가 일궈낸 문화적 성취를 지득知得과 감득感得, 곧 깨달아 알고 느껴 알게 함이라 할 것이다. 이들 성취들이 하나같이 더불어 살기 마련인 세상살이에서 사람과 소통하려고 생산되었다.

소통은 문자와 언어 또는 문학의 세계만이 감당하는 능사가 아니다. 작곡가의 음악도 당대는 물론이고 후대와 교감과 소통을 기대하고 만들어진 것이고, 미술 또한 다르지 않다. 서양 쪽 현대미술의 생성에 디딤돌이 되어 주었던 프랑스 고전파 화가 들라크루아 E.Delacroix(1798-1863)가 "그림이란 화가의 영혼과 관람자의 영혼 사이에 놓인 다리 같은 것"이라 단도직입적으로 말했다.

그래서 교육의 목표는, 아산서원의 경우를 보기로 든다면, 일차적으로 원생들로 하여금 인류의 문화적 성취를 읽고, 듣고 또는 본 덕분에 그것들을 이해하고 공감하는 충실한 소비자로 만드는 노릇이다. 나아가서 가급적 그 생산자 노릇도 하게끔 해서 결과적으로, 토플러 A.Toffler(*The Third Wave*, 1980) 말대로, 생산자이면서 동시에 소비자인 '생산소비자 prosumer' 가 되도록 유도함이겠다.

생산소비자에 대한 기대는 우리 국악계에선 진작 상식으로 통했다. 판소리 마당에서 '귀 밝은' 감상자의 추임새가 소리꾼의 신명을 북돋을 필수 양념인 것. 판소리 잘하는 사람이 '소리명창' 이라면, 추임새 잘하는 이를 '귀명창' 이라 불렀으니, 후자야 말로 바로 생산소비자의 전형이다.

소비자가 마침내 생산자가 될 수 있는 흔한 경우는 좋은 독자되기를 거쳐 좋은 필자가 될 가능성이다. "좋은 독자가 반드시 좋은 필자가 되란 법은 없지만, 좋은 필자치고 좋은 독자 아닌 사람이 없다."는 것이 문자세계 쪽의 금언인데, 여기서 눈여겨 볼 대목은 좋은 독서가 적어도 좋은 글쓰기의 필요조건은 된다는 사실이다. 해서 인문적 소양의 제고로 원생들이 가급적 좋은 필자가 되도록 자극함이 보다 높은 수준의 교육목표가 될 것이다. 좋은 고등교육이란 지식의 좋은 소비자 만듦을 시발로 장차 지식의 좋은 생산자로 태어나게 하려는 데 그 지향점이 있기 때문이다.

공자 읽기 등 좋은 독서가 나라 근대화를 이끈 좋은 대들보 실업가를 배출했던 구체적 사례도 있지만,[36] 더 거창하게 국운 융성의 큰 줄거리도 말해 주었을 정도의 좋은 아이디어 작품으로 태어났던 경우로 필자는 2009년 상해 엑스포에서 실감했다. 주최국의 것이니 주제관은 외관부터 당당했고, 거기서 마음먹고 보여 준 중국 고도 경제성장 삼십 년 역사의 영상물은 더 크게 만들 수 없겠다 싶을 정도의 대형 스크린에 야심적으로 담아 놓았다. 영상을 수놓은 세 주제는 모두 『논어』를 읽고 거기서 끌어낸 해석이었다. 첫째 주제는 "가는 것들이 흐르는 물과 같다. 밤낮없이 쉬지 않는구나!" 였는데, 세상은 변하기 마련임을 강조해서 중국 비약의 필연성을 말함이었다. 둘째는 "화합하나 뇌동雷同하지 않는다." 였다. 고도 성장 과정에서 불가피란 사회 격차를 유념해서 사회 통합을 고대함이라 싶었다. "뜻대로 행하여도 도에 어긋나지 않았다"는 셋째 주제는 중국의 성장이 순리를 향해 순풍을 타고 말 것이라는 기대를 담고 있었다.[37]

이런 맥락에서 고급문화를 즐기는 인문주의자들은 그 사랑과 이해를 근거로 지역사회 발전의 도모에 매개자 노릇도 능히 감당할 수 있고 또 해야 한다. 경제학의 한 분파로 1970년대 말에 등장한 '문화경제학cultural economics' 연구[38]를 통해 예술문화가, 이를테면 뉴욕 같은 세계도시global city에 중요 미술 전시가 열리면 그걸 관람하려고 사람들이 국내외에서 몰려들어 숙박업과 여행업 등이 흥성해짐에서 알 수 있듯이, 지역의 경제개발을 주도할 수 있는 성장형 산업임이 확인되었다.

지역사회 내부적으로는 좋은 그림이나 좋은 음악은 주민들의 정서를 순화시키는 사회적 효과도 지대하다. 이 때문에 양질의 주택, 적정 의료와 마찬가지로 수준급 예술문화의 향수는 정부도 책임지는 국민의 기본권으로 간주되어 왔다. 결국 그 생산에 필요한 비용을 국가나 사회가 어느 정도 감당하는 공공재公共材, public goods로 진작 당당하게 자리 잡았다.[39]

이처럼 고급문화는 생산과 소비에서 사회적 가치가 두루 지대하다. 그렇다면 선비고장인 저 외딴 시골에 자리한 한 종가宗家의 대문 한 귀퉁이에 "나라 흥망은 하찮은 사나이에게도 책임이 있다(國家興亡 匹夫有責)"고 적어 붙여 놓았듯, 언필칭 인문주의자라고 자부한다면 그 입지가 민관民官 어디에 근거하든 관계없이, 마땅히 고급문화의 높은 가치에 대한 이해가 전제된다 하겠다.

인문학적 소양, 어떻게 기를 것인가

인문학적 소양은 어떤 교육방법으로 쌓고 늘릴 수 있을까? 글 읽기와 쓰기, 좋은 그림과 좋은 음악 즐기기에 두루 매달려 보도록 일단 동기를 부여하는 일이 중요하다.

먼저 글 읽기다. 배우려 함은 사람의 타고난 본성이고, 그 배움의 출발점이 바로 글 읽기인 것. 동서고금의 무수한 지성들이 책 읽기의 중요성과 그 즐거움을 설파해 왔다.[40]같은 맥락에서 글 읽기가 인문학적 소양 교육의 전부인양 강조 또 강조되어 왔으니, 여기서 굳이 사족을 붙일 필요는 없을 것이다. 다만 배움의 길에서 글 또는 책 읽기의 자발성, 그리고 자발성에서 발견한 흥미와 관심이 계속 가지를 쳐서 또 다른 책 읽기로 이어가는 발심發心과 노력을 계속 지탱할 수 있다면 글 읽기의 기본 틀은 갖추어진 셈이다.

굳이 내가 여기서 한마디 곁들인다면, 글 읽기에서 금방 식견이나 지혜를 쌓을 수 있다고 조바심을 내는 것은 절대 금물이라는 사실이다. 책 읽기는 곧 세상 읽기의 방식인데, 그 세상이 얼마나 복잡다단하고 또 깊고 넓은가. 해서 얼마의 독서를 쌓았다 해서 금방 세상사를 바라보는 눈이 트일 리 없다.

그렇다 해도 실망은 절대 금물이다. 우리 사회의 유명 인문주의자 한 분은 책 읽기를 '콩나물 기르기'에 비유했음도 그 때문이었다. 콩나물을 키우기 위해 시루에다 콩을 담고 물을 주기 적으로 붓지만, 그때마다 물은 그대로 전부 금방 아래로 빠지고 만다. 그러나 그게 되풀이되는 사이에 어느새 콩나물 싹이 돋고 자라기 시작한다. 독서도 마찬가지라는 것. 읽고 나면 언제 무얼 읽었는지 별로 실감이 나지 않지만, 이게 계속 쌓이다 보면 알게 모르게 식견이 늘어나고 있음이라 했다.

글쓰기를 두고 말하자면, 무엇보다 그 분야가 광범위한데다 분야마다 독자성이 뚜렷하다. 때문에 분야별로 무언가 표준 또는 참고 될 만한 원칙이 특별히 있다고 보기 어렵다.[41] 있다손 치더라도 창의적 글쓰기란 그런 원칙의 배반이기 일쑤다. 해서 각자 알아서 힘써 적어 보는 도리 말고는 달리 왕도王道가 없지 싶다.

굳이 글쓰기를 위한 배움 방식에서 하나 참고할 만한 선례先例

를 찾는다면 그건 동양화단에서 통용되는 임모臨摸 교육방식이다. '임臨'은 이전의 좋은 그림을 골라 꼭 같이 그려봄이고, '모摸'는 좋은 그림을 따라 그리되 약간의 변용을 시도하는 경우다. 서양화 공부도 이와 별반 다르지 않다.[42]

여기서 군이 그림공부 방식을 소개하는 것은 인문학적 소양의 절대 필수인 글쓰기에 참고가 되지 싶어서다. 현존 원로 소설가 한 분은 수련과정에서 그가 좋아했던 영국 작가 서머셋 몸 Somerset Maugham(1874-1965)의 「달과 6펜스」 우리말 번역본을 몇 번이나 그대로 베껴 쓰는, 곧 '임'하는 글쓰기 공부를 했다 한다.

마음의 거울에 비추어 세상을 꿰뚫는 글을 적자면, 불가피 역사를 참고하면서 세상을 바라보는 생각도 먼저 가다듬어야 할 것이다. 역사 읽기의 중요성으로 말하면, 일찍이 중국 당 태종의 치세를 정리한 『정관정요貞觀政要』의 한 글귀가 고전이다.

"동銅으로 거울을 만들면 의관을 단정하게 할 수 있고, 고대 역사를 거울삼으면 천하의 흥망과 왕조 교체의 원인을 알 수 있으며, 사람을 거울로 삼으면 자기의 득실을 분명하게 할 수 있다."

역사 꿰뚫어 보기는 무엇보다 역사책 읽기에서 그 자양분을 얻을 것이다. 그런데 역사책이 시대사, 통사通史 등 긴 시간의 세상 흐름을 적다 보니 거개가 '거시적巨視的, macro' 이야기 전개가 대부분이다. 세상의 주인공이 사람인데, 거기에 백성 또는 사회계층의 희로애락이 잘 비치지 않아 결과적으로 전달력이 떨어지곤 했다. 이 점에서 그 시대를 살았던 인물들의 전기傳記 읽기가 보완책이 될 것이다.

세상에 대해 적는 글은 거시적인 흐름을 살피는 '사회학 sociology' 적 서술, 그리고 사회 흐름을 감당했던 미시微視, micro의 사람에 대해서도 눈길을 주는 '생물학biology' 적 서술의 교차가 바람직하다고 생각한다.(C. Mills, *Sociological Imagination*, 1959) 이 점에서 시대사이면서도 거시와 미시의 서술을 적절히 교차시킨 덕분에 적어도 필자가 '지루하지 않게' 읽어낸 동북아 역사책이라면 한국의 경우는 『한국천주교회사』의 「서설」(샤를 달레Charles Dallet, 1874; 우리말 번역 1979), 일본에 대해서는 『현대일본을 찾아서』(마리우스 젠슨

Marius Jansen, 전2권), 중국에 대해서는 『이야기 중국사』(진순신陳舜臣, 전7권)를 꼽을 수 있겠다.

누구든 세상사에 대해 글을 적다 보면 대소 간에 과거에 대한 논의가 주제主題로 등장할 수 있다. 그런 경우, 필자가 꼭 진지하게 한번 참고해 보도록 권장하고 싶은 역사철학이 있다. 독일 사학자 랑케L.von Ranke(1795-1886)가 제시했던 "각 시대는 신 앞에서 직접 선다"는 명제가 그것이다. 지난 시대를 바라보고 평가할 때, '입장을 바꾸어서 생각하는' 역지사지易地思之의 덕목, 아니 '시대를 바꾸어서 그 시절로 돌아가서 해당 시대를 따지고 살피는' '역시사지易時思之' 역시 또한 정당하다는 말이다.

이를테면, 우리 사회의 이념 갈등에는 일제강점기를 어떻게 보느냐도 큰 쟁점이다. 현재의 입장에서 바라보는 과거의 평가가 바로 역사라는 시각도 일리도 있고 또한 중요하지만, 그렇다고 독립운동에 투신하지 않고 단지 일제강점기를 살았다는 사실만을 놓고 그 모든 사람을 단죄한다면 거기서 '살아남을' 그 시대 우리 백성은 몇이나 될 것인가. 우리 현대사에서 특히 대중 영합주의에 빠진 정권이 보여 준 과거사 일방 매도형의 역진성逆進性이 참으로 염려스러웠기 때문에 하는 말이다.

그림의 미덕은 사람의 타고난 자연친화 본성의 경지를 확장해 준 미디어라는 사실이다. 화가는 보통 사람보다 훨씬 더 많은 색채감을 갖고, 훨씬 민감하게 형태를 파악할 수 있는 까닭에 보통의 눈들이 놓치는 자연의 아름다움을 심도 있게 보여 줄 수 있는 사람들이다.

앞서 말한 서머셋 몸의 소설은 서구 현대미술의 큰 봉우리 한 분인 고갱 P. Gauguin(1848-1903)의 일대를 소설 형식으로 쓴 작품이다. 거기에 이런 구절이 나온다.

"아름다움이란 세상에서도 귀한 거야. 마치 바닷가의 조약돌처럼 지나가다가도 함부로 주울 수 있듯 그렇게 흔해 빠진 건 아니란 말이야. 아름다움이란 멋지고 불가사의한 것이야. 예술가가 제 영혼의 고뇌를 거쳐 이 세상의 혼돈 속에서 만들어 내는 거란 말이야. 하지만 그렇게 미가 창조되었다 해서 아무나 그것을 알 수 있는 건 아니거든."

그림의 아름다움을 아무나 알 수 있는 건 아니라는 말이다. 그렇다면 어떻게 알 수 있게 하겠는가? 독일 문호 괴테 W.Goethe (1749-1832)에게서 들어야 한다. 아름다움을 가르칠 때 그 매체 가운데서 '초일류'를 보여 주고, 들려줘야 한다는 권고였다.

이 가르침을 실생활에 적용한 경우가 일본은행 The Bank of Japan의 지폐 감별방식이다. 감별교육이 가짜 돈을 모아 이게 문제의 위폐라고 교육하는 것이 아니다. 진짜 돈을 계속 보여 줌이 교육의 원리다. 그렇게 한참 보여 주다가 슬쩍 위폐를 집어넣으면 금방 가짜임을 식별해낸다 한다. 이 대목에 대해 이 시대의 세계적 지성 에코 U. Eco도 같은 말로 증언했다.

"거짓이나 위조에 대해서 이야기하려면 진짜가 뭔지를 알고 시작해야 해요. 반쪽만 가지고는 알 수가 없어요. 둘은 연결되어 있지. 진실을 모른다면 거짓말을 할 수가 없는 거지."(『조선일보』, 2012. 7. 6-7)

그림은, 우리 현대미술사에서 드물게 최고 수준의 화론도 적었던 조각가 김종영金鍾瑛(1916-1987)(『초월과 창조를 향하여』,

열화당, 1983)이 "한 사람 천재 미술가의 눈이 만인의 눈을 대신하다"고 말한 대로, 초일류를 보아야 한다면, 음악은 단연 수준급 생음악을 접하는 것이 최선책이다. 아무리 디지털 음원이 발달했다 해도 사람의 몸짓이 실감나는 현장 음악을 당하지 못한다.

위대한 음악을 최상의 연주로 들으면 여러 가지로 공부가 된다. 이를테면 전성기에 그의 인기가 '하늘을 찌를' 정도였던 카라얀Herbert Karajan 지휘의 베를린 필하모니로 브람스 교향곡 1번을 들었을 적에 "카라얀보다는 베를린 필하모니가, 필하모니보다는 브람스J.Brahms가 위대하다"는 것이 내 감회였다.

구체적으로 말해서 음악 즐기기는 가급적 '어려서', 그리고 '고전음악 듣기로부터' 시작하는 것이 바람직한 코스라고 나는 생각한다. 음악가로 키울 전문교육이 '조기早期'이어야 함이 정설이듯, 음악 즐기기도 그와 엇비슷함은 어제오늘 세계적으로 읽히는 그의 소설 행간에서, 특히 고전음악 열광 애호가임을 애독자들이 이미 간파했던 대로, 무라카미 하루키村上春樹(김난주 옮김, 「취미로 듣는 음악」『세일러복을 입은 연필』,

문학동네, 2012)가 자신의 신변을 말해 주는 생활수필에서 음악 사랑을 직접 토로했다. "보통사람들의 음악에 대한 감수성이란 스무 살을 경계로 점점 둔해지는 듯하다. 물론 이해력이나 해석능력은 훈련에 따라 높아질 수 있지만, 십대에 느꼈던 뼛속까지 스며드는 듯 한 감동은 두 번 다시 되돌아오지 않는다" 했다. 이 지적이 일리 있음은 "어린이들은 본래가 음악적"이라 전제하고는 "어린이의 감각이 아무것도 씌어 있지 않은 백지와 같아 새로운 감각을 받아들이기 용이한데, 그 시기는 대체로 십팔세 정도가 되기 전까지"라는 '신동 출신' 헝가리 출신 유명 미국 피아니스트 폴데스Andor Foldes(1913-1992)(정진우 역, 『피아노에의 길』, 호악사, 1961)의 전문적 판단과도 일맥상통하기 때문이다.

그리고 음악 듣기의 즐거움을 고전음악 듣기로부터 시작했으면 좋겠다는 것이 내 생각이다. 고전음악을 좋아한 이들은 재즈, 팝 등도 쉽게 즐기는 취향도 자연스럽게 갖게 되지만, 반대로 팝 등 유행음악을 즐기던 사람이 고전음악 사랑으로 나아가는 찬스 곧 '역지사지empathy'의 감성은 아주 낮았던 경우를 주로 보았기 때문이었다.* 이와 관련해서 흔히들 고전음악의 앎acquaintance을[43] 얻는 데는 바람직한 순서가 있다는 속설도 있었다. 교향곡을 먼저 듣고 그 다음에 협주곡, 그 다음에 소나타, 그 다음에 실내악 등, 아무튼 듣고 즐기기에 좋은 순서가 있다는 주장이 믿거나 말거나 음악감상 세계에서 통용되어 왔다. 단연코 확신을 갖고 말할 수 있는 내 체험은 둘이다. 하나는 기회가 닿는 대로 처음 좋아하게 된 것이 있으면 그것부터 즐기면 그만이고, 또 하나는 한 종류의 음악에 심취하게 되면 자연스럽게 다른 장르, 이를테면 정악正樂이나 속악俗樂 가릴 것 없이 우리 국악도 자연스럽게 즐기게 된다는 사실이다.

견문見聞과 독서讀書

인문학적 소양의 충전에는 직접 보고 듣는 견문見聞의 교육 효과가 거의 절대적이다. 박물관을 가 보지 않고 미술을 말할 수 없을 것이며, 음악회 자리에 앉아 보지 않고 베네주엘라에서 빈민 청소년을 대상으로 악기를 익히게 해서 이백 개 오케스트라를 조직했던 덕분에 그들의 정서를 순화시키는 일대 효과를 거두었다고 세계가 찬탄했던 '엘 시스테마El systema' 음악교육 방식과 그에 따른 문화복지 효과를 말할 수 없을 것이다.

인문학적 소양 교육이 고급문화에 대한 감수성을 키워 종국에는 좋은 문화소비자를 만들려 함인데, 그렇다면 생산자 곧 예술창작가들의 눈높이를 겨냥해서 그들이 기어코 도달하려는 경지를 넘보려 함도 해당 분야를 보고 느낄 수 있는 좋은 배움 방식이라 하겠다. 이 점에서 동양 쪽 서화세계가 지고至高의 경지라고 동경해 마지않는 '기운생동氣韻生動' 키워드를 살펴봄도 유의미하다. 필자가 이 어려운 말을 직역해 보면, 그림이나 글씨에서 풍기는 '향기香氣라 할까 훈기薰氣라 할까가 리드미컬하게 살아 움직이듯 느껴지는 경지'를 일컬음이다. 화가의 직정直情적 울림이 붓질로 잘 옮겨진 그림이라 그걸 바라보는 사람들의 마음에 공명共鳴같은 떨림으로 다가오는 경지 내지 분위기를 일컫는다.

오세기경 중국 화가 한 분이 주창한 이래로 '기운생동'은 동양화 전통에서 꿈의 경지라고 여겨졌지만, 아쉽게도 중국 명대明代의 명가名家 동기창董其昌(1555-1636) 같은 이가 그 경지는 타고 나는 것이지 배워서 얻는 바가 아니라 했다. 그럼에도 방편이 없지 않다고 장차 덧붙인다. "만권 책을 읽고 만 리 길을 여행(讀萬卷書 行萬里路)"하면 얻을 수 있다고.[44]

이 권고처럼, 독서는 화가는 물론 어느 누구에게도 자질 함양, 나아가서 인격 고양의 중요 방편이다. 독서와 함께 여행도 인문학적 소양을 크게 높여 줄 개연성이다. 여행을 통해 현장과 실물을 만남은 귀한 '산지식'이 된다. 많은 교육방식 가운데서도 체험교육의 효과는 가히 절대적이라 말해도 좋을 것이 현장, 실물이 느끼게 해 주는 메시지가 참으로 소중하고, 그래서 감수성이 특히 예민한 젊은 날의 여행이 배움의 보약이라 말하지 않던가.

기실, 독서도 찾아가기란 점에서 일종의 여행이다. 마음속에
서 마음속을 찾아가는 여행인 것이다. 이를테면 소설 읽기는
거기에 등장하는 주인공들의 삶의 여정旅情, 旅程을 따라가는
노릇이다. 그렇게 알게 된 소설 속의 삶은 독자들의 인생살이
를 다독여 줄 위로이자, 보다 풍부하게 만들어 줄 영양소가 분
명하다.

독서의 중요성에 대해선 이처럼 '인생 위로설'에 더해 '생업
무기설'도 얼마든지 가능하다. 후자는 특히 이십세기 세계정
치를 요리했던 전시 영국 수상 처칠 W.Churchill(1874-1965)의
시각이었다. 제이차세계대전을 연합국의 승리로 이끌었고,[45]
종전 뒤에는 『제이차세계대전사』로 노벨문학상을 받았던 그는
그림 그리기 취미로도 아주 유명했다.[46]

아마추어 화가의 변辯은 이랬다.

"무릇 사람들이 생업에 집착하여 거기에 전력투구하자면, 잠
시나마 생업에서 해방되어 멀찌감치 떨어져 생업의 의미를 헤
아려 보는 또 다른 몰입沒入이 절대 필요하다. 보통 사람 같으

면 독서가 바로 그런 구실을 맡는다. '정치가'는 경우가 다르
다.[47] 그들에겐 독서가 바로 직업상의 필수 책무이기 때문이다.
그런 그들에게 대신, 그림 그리기 같은 좋은 여가시간이 생업
의 짐에서 잠시 벗어날 수 있는 의미 있는 해방이었다. 나는 그
렇게 재충전된 마음으로 본업인 주어진 사명에 더욱 가까이 다
가갈 수 있었다."

처칠은 문화적 여가생활 내지 취미가 또 다른 '높은' 경지에 다
다른 특별한 경우다. 듣기만 해도 보통 사람에겐 언감생심이
다. 하지만 그렇게 높은 경지의 생산자는 되지 못할지언정, 높
은 경지를 곁눈질하면서 책을 읽고 예술문화를 보고 듣고 즐기
기를 좋아하는, 적어도 소비자는 될 수 있음의 가능성을 말해
주는 산 증거라는 점에서 또는 "하나를 통하면 다른 것과도 쉬
이 통할 수 있음"을[48] 암시한다는 점에서 무척 고무적이다.
보통 사람들에게 용기를 불어 넣을 수 있는 그런 좋은 경우를
더 들먹인다면, 고전음악 애호가가 아닐지라도 중·고등시절
의 음악시간에 배워 두루 좋아했던 「노래의 날개」 가곡도 지었
던 작곡가 멘델스존F.Mendelssohn(1809-1847)은 좋은 그림도

많이 남겼다. 그 반대 방향으로, 신고전파 프랑스 화가 앵그르 J.Ingres(1780-1867)는 바이올린 연주가 더할 수 없이 탁월해서 '생업에서는 물론 취미생활에서도 경지에 이른 경우'를 일컫는 '앵그르의 바이올린Ingre's violin'이란 영어의 보통명사도 생겨나게 했다.

'딴 세상'과의 소통을 위하여

예술문화의 현장이 중요하다면, 문화예술 창작가를 대면對面해 보는 노릇은 더욱 감명을 안겨줄 소지다. 자고로 문화판에선 "그 사람에 그 그림(其人其畵)" 또는 "그 사람에 그 글씨(書如其人)"라는 금언金言이 설득력 있었다. 세상의 주인이 사람이고, 사람 중에 치열하게 자신이 소중하다고 여긴 일에 매달려온 이는 그 자체로 문화현상이 되고도 남기 때문이다.

문화예술에 종사하는 이들 가운데 이 세상 사람이 아니다 싶은 '신선 같은' 인격도 더러 있다. 사람이 세상에 나아가서 첫째 돈, 둘째 권력의 귀貴, 셋째 남이 알아줌을 즐기는 가시성, 넷째 명예, 이 네 가지 가운데 하나 또는 그 이상을 구하려 한다. 그런데 그 어떤 것도 하찮게 여긴 채 오로지 자신이 하고 싶은 일이 세상의 전부인양 매달리는 사람들도 있다. 이런 이는 학술 쪽에도 적잖겠지만,[49] 그 어느 곳보다 문화·예술판에서 '어슬렁거리는' 사람들이기 쉽다.

그런 '딴 세상' 사람은 어떤 모습일까. 시인 함민복咸敏復의
「긍정적인 밥」(1996) 시어詩語로 만나 본다.

시 한 편에 삼만 원이면
너무 박하다 싶다가도
쌀이 두 말인데 생각하면
금방 마음이 따뜻한 밥이 되네

시집 한 권에 삼천 원이면
든 공에 비해 헐하다 싶다가도
국밥이 한 그릇인데
내 시집이 국밥 한 그릇만큼
사람들 가슴을 따뜻하게 덮여
줄 수 있을까
생각하면 아직 멀기만 하네

시집이 한 권 팔리면
내게 삼백 원이 돌아온다

박하다 싶다가도

굵은 소금이 한 됫박인데 생각

하면

푸른 바다처럼 상할 마음 하나

없네

그런 '다른 인류'를 우리 보통 사람들이 결코 건성으로, '소 닭보듯' 바라볼 수 없다. "영리한 사람은 자신을 세상에 잘 적응시키지만 영리하지 못한 사람은 세상을 자신에게 적응시키려고 애쓴다. 우습게도 세상의 진보는 영리하지 못한 사람이 만든 것이다"라고, 짙은 해학 속에서 진실을 말하던 아일랜드 극작가 버나드 쇼Bernard Shaw(1856-1950)(*Man and Superman*, 1903)의 말이 마음에 울림을 주기 때문이다.

"많은 지식을 가지고 많은 재화를 소유하고 높은 사회적 지위를 누리고 있다 해도, 사랑하고 존경할 만한 예술가 한 명조차 없는 사람이라면, 이 모든 것이 무슨 의미가 있단 말인가?" 했던 어느 인문학자의 말도 기억할 필요가 있다. 그렇게 '딴 세상' 사람을 만나서도 능히 이야기를 나눌 수 있는 그런 사람을 만드는 것, 그게 바로 인문학적 소양 교육의 목표라 할 것이다.

글쓰기에 관하여

글쓰기에 뜻을 가진 이들을 위하여

대학입학에 논술시험 과목도 들게 되었음은 우리 사회의 공론 公論이 글쓰기의 중요성을 새삼 인식했음을 말해 주는 상징이다. 논술시험을 통과의례로 고등교육을 받게 된 장차의 엘리트들은 기대컨대 모두들 글쓰기에 뜻을 세울 만한 이들이라 하겠다.

그런데 그 사이 나는 강의실에서 만나던 그 후배들의 글 솜씨를 그다지 평가할 수 없었다. 이전에 논술시험을 치르지 않고 입학했던 경우보다 글 솜씨가 더 나아졌다는 기미는 특별히 느끼지 못했던 것이다. 논술시험을 위한 그들의 글쓰기 공부가 입시 관문을 넘기 위한 통과의례로만 그쳤던 탓인지, 아니면 모국어 정도는 별다른 노력 없이도 어지간히 쓸 수 있다는 과신 탓이었는지 모를 일이다.

돌이켜 보면 후배들의 그같은 미진한 모습은 바로 아주 오래 전 대학 다닐 때의 내 모습과 크게 다르지 않았다. 교단에서 과

제물을 접할 때마다 지난날 내가 겪었던 시행착오, 간단없이 드러나던 부족함을 후배들이 되풀이하고 있음을 보았다. 그래서 글쓰기에 뜻을 가진 이들에게 도움이 되었으면 하고 내 경험을 바탕으로 이 글을 쓴다.

이 글이 우선 대학의 학과목 수강 때마다 거의 필수로 부과되는 리포트 쓰기와 논술형 시험에부터 참고해 주면 고맙겠다. 기대하건대 누구보다 학사과정에서 박사과정에 이르기까지 주로 사회과학 공부에 몰두할 사람들에게 유용할 것이다. 여기엔 대학의 전공 공부가 사회과학 계열이 아닐지라도 교양 과목 또는 부전공으로 사회과학을 공부하는 사람도 포함된다.

군이 사회과학 전공자가 아니라도 좋다. 장차 정부나 언론 등에서 결국에는 사회과학성 글쓰기에 일할 사람들에게도 참고가 되리라 믿는다.

덧붙여 글쓰기는 대학 문을 거친 사람만 적는 노릇도 아니고, 그걸 직업을 삼았던 경우에만 해당되는 전유물도 아니다. 산전수전 겪으며 살아온 내력이 "소설 여러 권 쓰고도 남는다"고 넋두리하고 나면 어느 날 내남없이 문득 다가가고 싶은 경지다. 그런 기술성記述性 글 적기에도 얼마의 도움이 되었으면 좋겠다.

'인문적 사회과학' 글쓰기란?

글쓰기에 대한 내 관심은 줄곧 '인문적 사회과학' 성격의 글에
대한 탐색이었다. 먼저 좋은 사회과학 글을 찾아 읽으려 하면
서 시작되었다. 이 도정에서 자연스럽게 어떤 경지가 좋은 것
인지에 대한 궁금증이 컸다. 이 점에 대해선 미국의 유명 사회
학자 밀스C.Mills의 『사회학적 상상력Sociological Imagin-ation』
(1959)이 많은 것을 시사해 주었다.

사회과학은 사회현상 또는 사회 변화에 대한 논의가 주된 관심
이다. 사회과학은 사람이 모인 크고 넓은 사회에 대한 연구이
다 보니, 거시적인 설명, 다시 말해 거창한 설명이 주류를 이룬
다. 마치 높은 산 위에서 세상을 한눈에 내려다보는 기분으로
몇 가지 키워드, 개념 또는 개념의 틀로써 세상사를 조망하려
고 한다.

거창한 설명을 시도하는 사회과학의 글은 결국 단순 설명이 특
색이다. 생산과 소비가 엮어내는 경제활동의 설명도 생산이

일정하다고 가정한 뒤에 "소비가 경제활동에 어떤 영향을 미칠 것"이라든지, 아니면 소비가 일정할 때 "생산의 변화가 경제 활동에 어떤 작용을 할 것"이라는 식의 단순화가 주종을 이룬다.

세상사를 압축해서 단순화시키는 이런 발상법에는 복잡다단한 사회현상을 단숨에 명료하게 만드는 미덕이 있다. 이를테면, 세상사는 갈등의 연속일 터이고, 그래서 "사회 갈등은 사회 계층 간 긴장, 경쟁 내지 충돌"이라고 언술言述, statement하고 나면 일견 분명한 메시지가 생긴다.

그렇지만 그 메시지를 읽거나 들은 사람이 동의한다는 표시로 고개를 끄덕일망정 "그래, 그 갈등 때문에 이 사람이 저 지경이 되었구나!" 하는 실감을 얻지는 못한다. 사회 변화의 거대한 요지경 속에서 살고 있는 개인의 희로애락이 그 같은 언술에서는 드러나지 않기 때문이다.

실감은 개인의 체험에서 비로소 생생해진다. 사회적 갈등이 내 자신, 내 가족, 내 이웃에게 안겨다 준 고통이나 비용이기도 하다면, 갈등의 실상은 한결 생생하게 피부에 와 닿을 수 있다. 세상이 또는 사회가 중요한 만큼 개인이 중요하다. 개인이 모여 사회를 이룬다지만, 개인이 없고선 사회가 존재하지 않는다. 개인은 우주적 무게를 가진 '나눌 수 없는in-dividual' 존재다. 그래서 사회 변화나 세상사를 바라보는 사회학soci-ology만큼이나 사회 구성인자인 개인의 의미를 살피는 '생물학biology'이 중요하다. 세상이 발전했다고 한다면 그 발전이 개개 사람들이 실감할 수 있는 것이어야만 참 발전이라는 뜻이다.

글쓰기는 세상사를 꿰뚫어 보자는 노릇인 것. 해서 사회의식이 담긴 좋은 글이란 사회학과 생물학 사이를 넘나들면서 논의의 대상을 두루 살핀 끝에 얻어진 결실이다.

좋은 글은 값진 보석처럼 흔한 것이 아니지만 그렇다고 드물지도 않다. 내가 알고 있는 좋은 글 하나를 보기로 들고 싶다. 프랑스 학승學僧 달레가 적은 우리 역사가 그것이다.[1] 조선시대의 사회계층 갈등에 대해 "조선시대에는 양반들의 발호가 심했다"고 간단히 적고 있는 우리 국사 교과서의 지극히 단조로운 사실나열 서술과는 달리, 그는 조선시대 말에 충청도 어느 고을에서 시골 양반이 자신을 알아보지 못했다며 포졸捕卒을 유인해서 눈을 뽑아 버리는 사형私刑을 가했는데도 처벌을 받지 않았다고 '생물학적' 서술까지 덧붙이고 있다. 사회학과 생물학이 적절히 안배됨으로써, 백 년도 더 묵은 까마득한 글인데도, 양반들의 발호가 촉발했던 사회 갈등이 어제오늘의 일인 듯 피부에 와 닿는다.

글이 생물학적인 서술로 일관한다면 그건 인문학이나 문학의 글이 된다. 역사적 소재를 다루는 소설의 경우, 그 시대상황을 전반적으로 염두에 두면서도 그것이 소설 주인공의 삶에 투영된 모습 위주로 서술한다. "등짐장수가 나오면 그 장면에서는 그 사람이 주인공이에요. 그런 사람 하나하나의 운명, 그리고 그 사회의 현실과의 대결을 통해서 역사가 투영됩니다. 열 사람이면 열 사람, 백 사람이면 백 사람을 모두 이렇게 주인공으로 할 경우 비로소 역사라는 것이 뚜렷이 배경으로 떠오르게 됩니다."[2]

그래서 갖게 된 생각인데, 사회학적 서술과 생물학적 서술의 구성에서 전자가 절반을 넘으면 사회과학의 글이고, 후자가 절반을 넘으면 인문학의 글이라 하겠다. 사회과학의 글은 세상과 사회에 대한 글이고, 인문학의 글은 사람을 정면에서 직접 다루는 글이다.[3] 그래서 '사회학적 상상력'의 발휘로 사회과학성과 인문성이 서로 괄목상대할 정도로 넉넉하게 어우러진 경지가 바로 인문적 사회과학의 글이 아니겠는가, 나는 그런 생각인 것이다.

공론 조성을 위한 글들

사회과학의 글은 그 생산과 유통이 두 가지 축을 중심으로 이루어진다. 하나는 대학이고, 또 하나는 언론매체이다. 대학에서는 연구논문 형식으로 축적되며, 언론매체에서는 칼럼·시평·논평·사설 따위의 형태로 생산되고 유통된다. 전문 지식인이 일반 대중에게 읽히기 위해 적는 '학술형 수상academic essay'은 대학과 언론매체 사이에 걸쳐 있는 양식이라 하겠다. 한편, 사설社說을 비롯해 위에 든 언론매체의 글들은 그 용도로 보아 공론公論 조성용 글이며, 학술형 수상도 같은 범주에 든다. 대학 입학시험 과목이 된 논술論述은 보통 사람을 독자로 상정한 공론 조성용 글의 형식을 따른다고 보아야겠다. '의견의 짜임새 있는 진술'이라는 논술은 논설論說과 언뜻 같은 뜻이긴 하나, 굳이 차이를 말하자면 '따져[論] 개진함'이 논술이고, '따져 설명함'은 논설이라 할 수 있을 것이다. 대학의 사회과학 수업에서 부과하는 리포트는 대체로 논설형에 해당한다고 나는 생각한다.

논설의 간판 속성은 적확한 용어와 치밀한 논리를 동원하여 사물의 인과因果를 따져 설명하는 것이다. 사실을 있는 그대로 적는 기술description과 달리, 설명은 사물이나 사태의 인과를 따지는 노릇이다. 인과를 따질 수 있다면 사회문제의 해결은 한결 쉬워진다. 인과가 밝혀지는 것은 곧 원인이 찾아지는 것으로서, 그 원인을 고침으로써 문제의 해결 내지 해소가 가능할 터이기 때문이다.

대학의 석·박사 논문도 용어 선택과 논리 전개가 엄격해야 하는 것은 논설과 다르지 않다. '정성적定性的 언술verbal qualitative statement'이 기조인 한에서 그렇다. 그러나 글의 길이가 다른 것은 제쳐 두더라도, 논문은 논리 전개의 엄격성에 착안하기 때문에 읽는 맛이 태부족이어도 용서되지만 논설류는 호소력이 느껴지는 글맛이 중시된다는 차이가 있다.

대학의 연구논문은 이 글의 직접적 관심이 아니다. 연구논문은 아주 전문적인 주제를 다루는데다 연구 결과의 표현에 관한 엄격한 학술적 형식 요건이 제정되어 있다. 그래서 정감 넘치는 아름다운 글쓰기와는 거리가 꽤 있다.[4]

학부생 또는 대학원생에게 부과되는 리포트는 일종의 '짜깁기' 식 글이다.[5] 여러 학자 또는 여러 이론을 종합하고 정리하여 관심 주제의 실체를 도출하는 방식으로 쓴다. 독자적인 시각 또는 방법에 따라 종합과 정리를 실행했다고 주장할 정도면 그게 석사학위 논문도 되고 박사학위 논문도 된다. 짜깁기 식일망정 좋은 리포트가 되자면 작성자의 소견이 선명하게 제시되고, 이것이 독자들에게 이해되는 경우일 것이다.

보편성 확보는 어떻게?

사회과학의 글은 '과학'의 글이다. 과학은 객관성을 중시한다. 그래야만 글 내용이 폭넓은 공감대를 만들 수 있고 보편성을 확보할 수 있다.

보편성은 편견이나 독선에 빠질 수 있는 개인적 가치로부터 중립적일 때 고조된다. 그러나 가치중립성이라는 기준 역시 하나의 가치인 점에서 비록 과학의 글일지라도 가치에서 완전히 해방될 수 없다. 따라서 사회과학의 글에도 필자의 가치 또는 관점이 담기는 것은 당연하다.

필자 개인의 선호 내지 가치라 해서 그게 지극히 자의적으로 흘러서는 안 된다. 사회의식이 내재된 자기 기율紀律이 필요하다는 말인데, 그 기율은 인류 역사에서 선량한 것이라고 믿기어 왔고, 또 그렇게 교육된 틀 속에서 성립한 것이다.

그 기율이 무엇일까? 나 또한 세상을 홀로 바라보아야 할 내 눈의 높이에 대해 곰곰 생각해 본 적이 있다. 첫째, 자유-민주의 원칙을 믿는다. 둘째, 시장원칙market principle의 중요성을 신뢰한다. 셋째, 작은 정부의 미덕을 믿는다. 넷째, 세상사 길들이기는 항상 규제보다는 경제적 유인책이, 유인책보다는 도덕적 설득이 바람직하다. 다섯째, 기준 설정이 갖는 함정을 경계한다. 여섯째, 결정론보다 인간의 자율 의지를 신봉한다. 일곱째, 전문성의 미덕을 인정한다. 여덟째, 세상은 항상 노블레스 오블리주noblesse oblige를 중시한다. 아홉째, 사회 정의의 미덕을 강조한다. 열째, 다원적 가치가 삶의 모습이다. 열한째, 선택의 자유를 중시한다. 열두째, 전심전력, 그리고 완벽성의 미덕을 높이 평가한다.[6]

도시계획학을 공부하는 사람으로서 지켜야 할 사회의식의 다짐이었던 셈이다. 이것이 이를테면 환경학자의 것과 다를 것임은 당연하다. 후자는 시장 원칙의 중요성에 대한 믿음보다는 '시장의 실패'를 전제한다는 점에서 그렇다.

글쓰기의 순서

글의 묘미는 구성력과 표현력, 또는 문장력에서 나온다고 하겠다. 한 꼭지의 글이 기승전결起承轉結로 이루어진다고 함은 구성력을 말함이고, 그 글이 주제가 선명하면서도 독자에게 끝까지 읽히도록 자극하는 글맛을 만드는 것은 표현력 또는 문장력의 문제이다.

기승전결에서 '기'는 논의의 주제 또는 핵심을 제기함이고, '승'은 논의의 주제와 그에 관한 세간의 인식이나 이론적 관점에 대한 부연이고, '전'은 세간의 인식이나 이론적 관점에 대한 반론 또는 대안적 논의이며, '결'은 부연과 반론을 대비해서 종합 평가하고 필자 나름의 결론에 이르는 과정이다.

내가 신문의 칼럼 같은 논설문을 쓸 때 취했던 방식이 있었다. 대입 논술시험과 마찬가지로 "마감시간이 있어야 글이 씌어진다"는 말도 불문율처럼 통하는 신문사 논설위원실 안에서 한정된 마감 시간 안에 글을 완성해야 할 경우에 특히 유효했지만, 그렇지 않은 경우에도 두루 사용할 만하다고 본다.

우선 글을 통해 전달하고자 하는 취지 내지 핵심 내용의 윤곽을 잡는다. 이어서 그 내용과 연관되는 개념이나 키워드를 생각나는 대로 무작위로 나열해 본다. 다음에 그것들을 기승전결의 개별 구성에 해당하는 것, 곧 기에 해당하는 것, 승에 해당하는 것, 전에 해당하는 것, 결에 해당하는 것으로 나누어 배치한다.

기승전결의 각 구성에 해당하는 개념들이 글의 뼈대이며, 집필은 글의 뼈대로 잡은 키워드에 살을 붙이는 문장화 작업이다. 나열된 키워드 또는 개념을 근간으로 살을 붙여 가노라면 글이 서서히 꼴을 갖추게 된다.

그런데 그렇게 살을 붙여 놓고 나면 글의 분량이 예정보다 많아지기 십상이다. 자기 표현에 열중하다가 다변多辯이 되는 경우와 닮았다. 다사多辭를 정리해서 논지論旨를 정선하자면 예정보다 원고량이 많아지는 것은 기정사실이다.

예정보다 길어진 글은 전달하고자 하는 생각을 뚜렷이 부각하는 쪽으로 줄여 나간다. 이렇게 퇴고推敲하는 도중에 여기저기서 군더더기 문장이나 개념들이 확인된다. 그걸 줄이고 깎기

를 거듭하다 보면 글은 미리 정해진 분량에 접근함과 동시에
앞뒤의 연결이 한결 부드러워지고 뜻 전달이 원만해진다.

글의 시작과 끝

무릇 세상사는 시작이 중요하고 끝이 또한 중요하다. 그래서 "시작이 반"이란 말도 나왔고 "유종有終의 미美"라는 말도 생겼다.

우선 시작이 반이란 말대로 첫 문장은 글쓰기의 성공 여부를 점칠 수 있는 예감豫感이다. 그래서 글의 대표 선수 격인 소설의 첫 문장은 일간지 문화면 기삿거리가 될 정도로 일반 독자의 흥미를 끈다. "소설의 첫 단어, 첫 문장은 작자와 독자가 처음으로 만나는 장소다. 그 시작은 책을 작동시키고 그 이야기의 진로를 손가락질해 보이면서 서술을 인도하고, 심지어 책의 내용을 요약하거나 결말을 앞질러 암시하기도 한다. 소설을 여는 열쇠로서의 첫 단어, 소설의 문지방인 첫 문장은 침묵에서 언어로, 무에서 존재로 건너가는 첫걸음이다."[7]

이 지적의 무게는 논설과 칼럼, 사회과학의 수상 따위에도 그대로 해당한다. 특히 좋은 사회과학의 수상들을 보면 대개 그 첫 문장이 독자들의 관심을 불끈 들어올리는 지렛대이자 글 전체의 의미나 색채를 일거에 예고하는 신호탄 역할을 하고 있다.

첫 문장은 글이 다루고자 하는 사안의 실체 또는 그 사회적 중요성을 강조하는 것일 수도 있고, 글의 결론을 미리 예고하는 선언적 판단일 수도 있다. 첫 문장부터 사안의 사회적 중요성을 정면으로 서술할 수도 있고, 그 사회적 사안이 개인에게 지대한 영향을 미친다는 점을 실감나게 묘사하기 위해 필자나 주변 사람의 체감 내지 체험을 인용할 수도 있다. 어떤 방식을 취하든 글쓴이가 독자의 관심을 단숨에 끌 수 있는 것이면 일단 성공이다.[8]

첫 문장처럼 끝 문장도 중요하다. 글이 전하려는 전체 메시지를 압축한 것일 수 있고, 함의含意 내지 시사점示唆點을 담은 것일 수도 있다. 앞의 경우는 남의 글을 처음부터 읽지 않고 요지만 알고 싶은 독자에게 유용할 것이며, 후자의 방식은 글을 꼼꼼히 읽어 준 독자에 대한 배려가 될 수 있다.

사회과학의 수상에서 첫 문장과 끝 문장을 다루는 기술도 역시 소설에서 배울 수 있다. 이백자 원고지로 삼만 장에 가까운 박경리朴景利의 오부작 대하소설 『토지土地』는 한마디로 십구세기 말부터 이십세기 중반까지 격동의 세월을 한민족 공동체 속에서 아옹다옹 살아갈 수밖에 없었던 우리 민초들의 애환이 주제다. 그걸 예고하려 함인지 장강長江처럼 길고 긴 소설은 "1897년의 한가위." 한마디 짧은 문장으로 시작한다. 한가위가 우리 민족의 공동체적 속성을 고스란히 간직한 대표적인 명절임을 기억할 때 첫 문장은 소설 주제를 미리 예고한 셈이다.

수많은 민초가 명멸한 끝에 막이 내리는 소설의 맨 마지막 대목은 팔일오 해방의 기쁨에 대한 묘사다. "외치고 외치며, 춤을 추고, 두 팔을 번쩍번쩍 처들며, 눈물을 흘리다가는 소리 내어 웃고, 푸른 하늘에는 실구름이 흐르고 있었다" 적었는데, 요체는 실구름이다.

'백운白雲' 또는 '부운浮雲'이 그러하듯이 '실구름' 또한 상징성이 큰 낱말이다. 잠시 피었다가 사라지는 덧없는 삶의 속성을 흰 구름에 빗대는 것은 고금의 문학이 즐겨 사용하는 표현법이다. 『토지』에서도 구름을 빌려 세상의 주인은 무어니 해도 사람임을 소설 끝에서 다시 한번 환기케 한다고 나는 짐작한다.

한국어다운 한국어 쓰기

글 주제를 독자에게 제대로 전달하려면 내용 못지않게 문장의 완성도가 중요하다. 제대로 전달한다는 것은 일차적으로 정확하게 전달하고 있음을 뜻하고, 그리고 그 이상으로 아름답게, 아니면 마음에 닿게 전달하고 있음을 뜻한다.

글이 갖추어야 할 최소 조건은 정확하게 순리적으로 읽힐 수 있어야 한다는 것이다. 그런데, 이의 실현은 막상 쉽지 않다. 명색이 전문 식자라고 하는 이들마저 비문非文을 쓰는 일이 허다하니, 아직 지식의 소비자 단계에 머물고 있는 초학初學들이 겪는 글쓰기의 어려움은 묻지 않아도 알 만하다.

문장의 완성도는 최소한 한국어를 한국어답게 적을 수 있음을 출발선으로 잡아야 할 것이다. 대외 접촉, 그리고 그에 따른 문화 교류의 여파로 한국어도 외국어의 영향을 많이 받았다. 당연히 좋은 영향도 있었고 나쁜 영향도 있었다.

좋은 영향이라면, 이를테면 서구의 사회과학 용어들을 우리보다 앞서 근대화에 노출된 일본 사회가 번안하였는데, 근대화 과정의 수용이 늦었던 우리는 그것들을 빌려 쓰는 이점을 누리고 있다.[9] '사회' '개인' '근대' '존재' '자연' '권리' '자유' 따위가 모두 그것들이다.

반면에 나쁜 영향이라면, 한국어의 어법을 혼란케 만드는 외국어의 용례를 우리가 무턱대고 원용하는 현상을 들 수 있다. 이를테면 한국어에는 이중주어二重主語가 예사인데[10] '한 문장에 주어는 하나' 뿐인 영어식, 또는 '의' 라는 말을 거의 무한으로 늘어놓을 수 있는 일본어식을 원용하는 부자연스러움을 연출하고 있다.[11] 앞 체언體言은 뒤 체언의 관형어가 되기 때문에 "우리 학교 건물은 아름답다"라고 하거나, 또는 이중주어가 예사이기 때문에 "우리 학교는 건물이 아름답다" 하면 될 것을, 반드시 "우리 학교의 건물이 아름답다"가 되고 마는 일본어식 또는 영어식을 태연히 따르고 있다.[12]

일본어식 '의' 와 남용과 연관하여 '에의' '와의' '로의' '으로의' '에서의' 같은 표현 또한 삼가야 한다는 지적은 한국어에 밝은 전문가들이 많이 강조한 바다. 이 충언을 귀담아 듣고 나도 '의' 를 되도록 쓰지 않으려고 조심한다.

그러나 '의'를 쉽게 생략할 수 없는 경우에 대해서도 주의할 필요가 있다. 이를테면 첫째, '영수의 슬픈 이야기'처럼 체언과 체언 사이에 다른 관형어가 있을 경우, 둘째, '오늘의 시장경제' '신라의 삼국통일'처럼 뒤의 체언이 둘 이상으로 이루어진 경우, 셋째, '동물의 먹고 먹힘' '예술의 아름다움'처럼 뒤의 체언이 명사구인 경우, 넷째, '평화의 사도' '사랑의 징검다리'처럼 의미로 따져 볼 때 앞 체언이 뒤 체언을 수식하기 어려운 까닭에 강제로 관형어冠形語로 만드는 경우다.[13]

글을 힘 있고 아름답게 적는 방식은 각자 스타일의 문제로 귀결된다. 훌륭한 화가마다 독자적인 화풍을 갖고 있음과 마찬가지다. 따라서 문장 스타일이 어떤 것이 바람직하다고는 말할 수 없다.

다만 최소한 이랬으면 좋겠다는 바람은 있기 마련이다. 영어 쓰기에 대한 책에서 내가 배운 것인데, 한국어 쓰기에 원용해도 좋을 지침이 몇 가지가 있다. 수동형 문장보다는 능동형 문장을 쓸 것, 우회형 표현 대신 단언형 표현을 쓸 것, 확신 결여형 표현을 삼갈 것 따위.

'된다' 같은 수동형은 우리 식이 아니라는 지적은 한국어도 능동형 문장이 바람직하다는 권고가 아니겠는가. '진다' '된다' 따위는 모두 일본말의 잘못된 영향이라 한다. '작품에서 다뤄지고 있는 주제는…' 에서 '다뤄지고' 는 '다루고' 로, '현실에 무관심한 철학은 극복되어야 한다' 에서 '극복되어야' 는 '극복해야' 로 적는 것이 한결 우리말답다고 지적한다.[14]

'확실하지 않다' 라는 우회형 표현 대신에 '불확실하다' 처럼 단언형으로 적는 것이 힘이 있다. 우리가 입말에서 흔히 쓰는 '그럴 것 같다' 의 '…같다' 같은 애매한 표현을[15] 글말에까지 옮겨 쓰는 것은 피해야 한다.

우리말의 시제

영문법에서는 시제를 엄격히 지켜야 한다고 진작 배운 바 있다. 한국어는 그렇지 않다 한다. "우리의 경우 시제가 영어에서처럼 문법요소로 강하게 인식되지 않고 오히려 의미요소로 받아들여진 측면이 강하다. 우리는 어떤 일이 일어난 시점이 언제인지 서로 알 수 있다면 구태여 시제를 나타내는 형식에 구애받지 않고 표현을 했다. 그 일이 과거의 일인지 현재의 일인지 구별만 되면 시제의 형식에 구애를 받지 않는다."[16]

그 사이 나는 시제에 대한 우리 문법의 전문 식견도 없이 지난 일도 가급적 현재형으로 써 버릇해 왔다.[17] "좋은 문학은 영원한 현재성現在性"이라는 말이 기억에 남아서인지, 아니면 영문법에서 역사적 사실은 현재형으로 쓴다는 배움이 작용한 까닭인지 확신은 없다. 군이 변명하자면 내가 말하는 내용이 되도록 사실 내지 진실에 가깝기를 바랐기 때문이지 싶다.

역사적 인물에 대해서 존칭을 쓰지 않는다는 데에는 다들 이견이 없다. '추사 김정희' 이지 '추사 김정희 선생' 은 적절한 표현이 아니라는 말이다. 역사적 인물이 되면 인물의 생물성에 대한 관심은 사라지고, 대신에 인물의 객관적 행적이 중요해지기 때문일 것이다.

인물 말이 났으니 말인데, 필자 자신을 가리키는 말도 설왕설래의 대상이다. 영어 쪽에서 보면 학술 논문에서는 'this writer' 라 하니 이는 우리말 '필자' 또는 '글쓴이' 에 해당한다. 논문이 중시하는 객관성 지키기와 관련된 표현방식이라 생각한다. 반면에 우리글 전문가들은 '필자' 라는 말이 남의 말처럼 들린다며 '나는' 또는 '내가' 로 단도직입적으로 적어야만 글이 힘을 얻는다고 말한다.

영어의 관행도 일리가 있고, 우리글 전문가의 말도 일리가 있다. 그래서 나는 학술 논문의 경우에는 '필자는' 으로, 칼럼 같은 대중을 위한 글에서는 '나는' 으로 적는다.

단락 나누기

후배들의 글쓰기에서 만나는 어색함의 으뜸은 단락段落, paragraph 만들기이다. 제출받은 리포트들을 보노라면 한 단락을 너무 많은 문장으로 구성한 경우가 흔하고, 거꾸로 단 한 문장만으로 구성한 경우도 있다. 어느 쪽이든 단락에 대한 인식이 희박함을 나타낸다.

한국인이 영어를 알게 된 뒤로 어느덧 우리 방식으로 정착한 것 하나가 단락이다. 원래 우리말에는 단락이 없었다. '언문'으로 적은 혜경궁惠慶宮 홍씨洪氏의 『한중록閑中錄』이 보여 주듯 띄어쓰기가 없었던 언어였으니 거기에 단락이 있을 리 만무했다.

한 꼭지의 글은 여러 단락으로 짜여 있고, 한 단락은 글이 전하고자 하는 큰 주제를 구성할 작은 주제들, 곧 작은 단위 아이디어들을 담고 있다. 이 단락들은 두서너 문장 또는 서술로 이루어지는 것이 자연스럽다.

한 단락이 많은 문장으로 구성되면 아이디어 과밀현상이 일어나 독자가 필자의 뜻을 좇아가는 데 차질 내지 경색이 예상된다. 그렇다고 해서 단락을 아무데서나 '적당히' 잘라서는 안 된다. 단락의 길이가 길어질 경우에는 소주제를 세분하여 단락을 쪼개는 것이 해결책이다.

한편, 단락을 구분한다 하여 단락과 단락 사이에 한 행을 띄워 놓는 글쓰기도 눈에 띈다. 꼭 틀렸다고는 할 수 없으나 한 행의 여백이 있다면 작은 아이디어의 전개가 갑자기 건너뛴다는 인상을 줄 수 있다. 이 때문에 긴장감의 연속성 유지, 그리고 연계와 밀도가 느껴져야 할 의사 전달에 잠시 차질이 생길 수 있다. 소설 쓰기에선 장면 전환을 위해서 원용하는 방식이긴 하나 사회과학의 글에서는 그럴 경우 소제목을 붙여 무엇을 위한 장면 또는 국면 전환인지 분명히 알리는 것이 효과적이다.

깎고 다듬고 또 다듬고

글을 일단 완성하고 나면 반드시 단어와 문장, 그리고 어순 또는 구성에서 차질 또는 어색함이 있기 마련이다. 그래서 글쓰기엔 주의 깊은 고치기 작업이 필수적이다.

남이 읽으면 금방 드러날 잘못도 "등잔 밑이 어둡다"는 속담대로 글쓴이의 눈에는 잘 뜨이지 않는다. 글쓰기에 열중하는 사이에 자기 최면에 걸렸기 때문일 것이다. 잘못을 고친다며 글을 읽고 있지만 글을 적을 때 당초 머리 속에서 전개되던 생각이 글 위로 겹쳐 흐른다. 그래서 글 고치기는 생각의 객관화 작업이기도 하다.

짧은 시간 안에 글을 빨리 고쳐야 하는 신문사 같은 곳엔 교정부를 따로 두고 있다. 신문사 교정부에서 글 고치는 작업은 어떻게 이루어지는가. 기자가 적은 기사 초고 하나를 두 교정 기자가 함께 살핀다. 한 사람이 소리 내어 읽으면 다른 한 사람은 그 소리를 들으며 눈으로 따라 읽는다. 귀와 눈의 공동 작업이

틀린 글을 가려내는 데 효율적이라는 말이다.

신문사 교정기자가 아니라도 제가 쓴 글을 눈으로만 읽으며 고치기보다 소리 내어 읽기를 한다면 눈과 귀를 교정작업에 함께 투입하는 효과를 거둘 수 있다. 그러나 혼자만의 공간이 아니고 다른 사람들이 있는 곳에서 소리 내어 읽기는 곤란하다. 이 때에는 소리는 없이 입술로만 읽는 순독脣讀이 대안이다. 순독은 목독目讀보다 시간을 더 잡아먹는다. 그만큼 찬찬히 살필 수 있다. 또 순독을 하면 귀를 포함해서 얼굴 피부를 통해서도 글의 취지를 들을 수 있다.

나는 글을 완성하기까지 깎고 고쳐 쓰기를 여러 차례 하지만 그러고도 시간 여유가 있을 때는 글을 하루 정도 묵혔다가 다음날 몇 번 더 다듬는다. 글 쓸 때 고양되었던 자기 확신도 시간이 지나면 숙어들기 마련. 그래서 하루 정도 묵힌 뒤 읽어보면 남의 글을 바라보는 심정이 되면서 자기 객관화의 정도를 높일 수 있다. 이렇게 해서 내 경우, 칼럼 같은 글은 깎고 다듬기를 대충 이십여 차례 거듭하는 버릇이 있다.

글 다듬기에서 나는 같은 단어를 반복하지 않도록, 그리고 이음말(접속사)을 가급적 줄이도록 힘쓴다. 같은 사물을 계속 말해야 할 경우에 다양한 동의어를 구사함으로써 문장의 단조로움을 막는다. 이음말을 줄이면 문장과 문장 사이의 연결에 대한 독자들의 연상력을 빌릴 수도 있어 마침내 그들에게 글이 읽히는 속도감을 안겨다 줄 수 있다.[18]

한편, 깎고 다듬기를 거듭하면 글을 구성한 문장들이 대부분 짧아지게 마련이다. 짧은 문장이 읽기 쉽다. 빠르고 정확하게 읽힌다. 그래야 글이 힘이 있다 한다. 한 문장 연구가에 따르면 한때는 사오십 자가 표준이었지만, 요즘 한국의 널리 읽히는 칼럼들의 월(문장) 길이 평균은 스물두 자라고 한다.[19]

나도 개인적으로 짧은 문장을 선호한다. 그러나 반드시 짧은 문장이어야 한다는 원칙은 없다고 생각한다. 이름난 필자 한 분[20]이 나에게 글짓기에 대해 훈수하면서 심장박동처럼 빨리 읽히는 글보다는 복식호흡처럼 넘실넘실 읽히는 것이 우리글의 정수임도 유념하라고 권고한 적이 있다. 그는 우리글의 좋은 보기로 혜경궁 홍씨의 『한중록』을 들었는데, 실제로 그의 글도 문장의 평균 길이가 꽤 길었지만, 마치 할아버지가 들려주는 옛이야기처럼 넉넉함이 담긴 글이었다.

글 다듬기 과정에서 남의 눈을 빌릴 수 있다면 큰 다행이다. 필자 자신이 공들여 고친 글을 다시 가까운 사람에게 읽혀 잘못을 지적받고 어떻게 더 고치고 다듬을지 훈수를 얻는다. 나는 글을 쓸 때마다 조교들에게 읽어 보게 하고 그들의 독후감을 통해 미리 반응을 살핀다. 마찬가지로 학생들은 친구나 선후배의 훈수를 얻는 것이 좋겠다 싶다.

글쓰기 훈련은 어떻게?

한국어를 정확히 그리고 아름답게 구사하기는 외국어를 익히는 것 못지않게 어렵다. 그러니 스스로 좋은 글의 생산자가 되겠다는 마음가짐과 다짐이 필수적이다.

좋은 글을 쓸 자질은 어떻게 해야 생기는가? 보장은 없지만 좋은 글쓰기의 출발점은 먼저 고금의 명문을 많이 읽는 일이다. 빼어난 글을 만나 읽으면 감탄과 함께 '나도 이런 글을 한번 적어 보고 싶다'는 의욕이 생긴다. 이때 그 문체文體나 서술법을 거울 삼아 스스로 글 쓸 기회가 있을 때 따라 해보는 것은 좋은 글쓰기를 위한 방법이라 하겠다.

옛적에 동양화를 가르칠 때 '임臨−모摸−방倣'의 과정을 밟도록 했다. '임'은 화본畵本에 있는 그림과 꼭 같이 그리는 작업이고, '모'는 교본의 그림을 변형시켜 보는 수련이며, '방'은 교본의 그림을 큰 틀로 삼되, 그리는 사람의 독자성이 분명하게 드러내는 작업이다. 글쓰기에서도 처음에는 남의 것을 흉

내 내다가 거기에 익숙해지면 자신의 체취 내지 발상법을 투입시켜 보는 단계로 옮겨가면 좋을 것이다.

나는 전임교수가 된 뒤로 모범으로 삼고 싶은 필자들을 가려서 그분들의 글이 나오면 열심히 찾아 읽었다. 지금도 후발後發의 빼어난 필자를 가려서 마음에 간직해 두는 노력을 계속하고 있다.

소설도 많이 읽자

사회과학의 글은 논리의 세계, 이성의 세계에 속하는 글이기 일쑤다. 논리의 세계는 차가운 머리의 소산이어서, 감성의 세계 또는 따뜻한 마음의 감응과는 일단 거리가 있다. 그런데 세상에 대한 통찰은 머리와 마음이 다 함께 반응해야 할 일인 만큼 논리만 가지고는 절반의 통찰밖에 이룰 수 없다.

세상은 사람이 개인으로 살아가는 곳이고, 개인은 머리의 굴림 못지않게 마음의 일렁임에 따라 살아가는 존재다. '국민정서' 또는 '국민감정'이란 말이 우리 사회에서 요즘 부쩍 더 들먹여지는 것은 그 '일렁임'에 대한 배려가 크게 부족한 탓이 아닐까?

사회과학의 글에서 다루는 감성의 영역이라면, 고작 여론조사에서 조사 대상자의 태도를 묻는 정도가 아닌가 싶다. 그런데 태도조사의 결과도 지극히 기계적으로 처리해서 '평균' 또는 '통산通算'으로 나타낼 뿐이다.

감성의 영역에 대한 관심이 그 정도에 그치는 것은 사회과학의 글이 흔히 지니는 한계이다. 따라서 논리의 글에 양념으로나마 감성의 영역도 도입하려면 인문학의 역량 쌓기에도 조금은 관심을 두어야 할 것이다.

여기에는 소설 읽기가 도움이 되리라 싶다. 소설은 다양한 어휘 구사를 통해 각계각층의 삶을 대리 체험할 수 있게 짜놓은 구성이기에 사회과학의 글쓰기에도 좋은 양식이 된다. 지난날 대학 교양과정에서 고전 읽기 또는 세계문학전집 읽기를 강조했던 것은 바로 식자들에게 인문학 소양의 중요성을 강조함이 었을 것이다.

누구에게도 글쓰기는 쉽지 않다

좋은 글을 일컬어 '미문美文'이라 부르기도 하고 '선필善筆'이라 하기도 한다. 아름다움은 반드시 착함과 동시 병행한다는 동양적 발상법에 기대어 '미문'과 '선필'은 서로 동의어가 되었다. 좋은 글은 형식과 구성만이 아니라 내용도 아름답고 알차야 한다는 뜻이 거기에 있다.

어떻게 하면 아름답고 알찬 내용을 만들 수 있을까? 학식만이 아니라 세상에 대한 깊은 이해와 통찰이 그것을 가능하게 할 것이다. 따라서 그것은 개인이 평생 연마하여 갈 영역이다. 다만 학식과 견문이 넘칠지라도 그것들을 담는 형식이 부족하면 미문이든 선문이든 이루기 어려울 것이다. 거꾸로 형식이 반반하고 당당하면 내용도 덩달아 아름다워질 수 있다는 것이 내 생각이다. 그 생각이 이런 글을 쓰게 했다.

그러나 이 글은 자신감이 앞서서가 아니라 동병상련의 심정으로 적었다. 좋은 글을 쓰고 싶은 욕심은 누구 못지않게 간절하지만, 내가 한 편 글을 완성하는 시간은 참으로 진땀 난다. 외부의 청으로 글을 적어야 할 때는 평지를 걷다가 태산절벽을 만난 듯 참담한 심정이 되곤 한다. 어느 유명 화가가 화상畵像이 잡히기 전엔 캔버스를 이젤 위에 뒤집어 엎어 놓고 안절부절못한다 했는데, 내가 직업적인 글쟁이가 된 지 한 세대가 지났지만, 컴퓨터 앞에 앉을 때마다 번번이 '왜 글 부탁을 사양하지 않았는가' 하는 후회가 엄습한다. 돌이킬 수 없는 일이라 체념하고 필의筆意를 가다듬는 암중모색의 과정은 속이 시커멓게 타들어 가는 시간이다.

이런 하소연을 굳이 하는 까닭은 두 가지다. 하나는 누구에게나 글쓰기는 어렵다는 것이다. 글쓰기 경륜이 있는 분들은 붓만 잡으면 글이 술술 나올 것이라는 지레짐작은 턱없는 것이니 글쓰기의 어려움으로 말미암아 잠시나마 열등감에 사로잡힐 까닭은 없다. 또 하나는 어렵기 때문에 글쓰기 공부에 지속적인 관심을 가져야 한다는 것이다. 글쓰기 책도 구해서 견식을 넓히고, 일간지에 실리는 글쓰기 관련 토막 기사에도 눈길을 주어야 한다.

글쓰기는 어렵고 그 과정은 고달프다. 그러나 관심 인사들과

의사를 소통할 표현 수단을 구사할 수 있음은 식자識者들의 보람이 아닌가.

글쓰기에 왕도는 없다. 그래서 후배들을 위해 단편적인 소견이나마 이런 글로 정리한 것은 학교에 몸담은 사람의 보람이 되고도 남는다.

주註

인문적 소양이란?

1. 유교 전통의 대표적 몸가짐 가르침이 『논어』에 나온다. "예가 아니면 보지 말
며, 듣지 말며, 말하지 말며, 움직이지 말라.(非禮勿視 非禮勿聽 非禮勿言 非
禮勿動)" 이 네 가지의 이른바 금지 목록negative list은 무척 의미가 깊다.
사람의 선행善行은 그 상한이 존재할 수 없다는 점에서 거꾸로 사람 처신에
관한 아주 구체적인 최소한의 권고를 담아 말하고 있기 때문이다. 또 다른 공
자의 유명 어록 "자신이 원하지 않는 바를 남에게 시키지 말라(其所不欲 勿施
於人)"도 기율紀律의 하한을, 말하자면 '수동적 미덕passive virtue'를 강조
하고 있다.

2. 철학자이자 『장미의 이름』 등 베스트셀러의 소설가이기도 한 이탈리아 태생
움베르토 에코Umberto Eco(1932-)가 진단한 현대 문명 비판은 충분히 경
청할 가치가 있다.

"학교에서 정보를 여과하고 필터링하는 법, 분별력을 가르쳐야 해요. 인터넷
정보를 이용하는 건 어쩔 수 없겠지만, 반드시 '비교'를 해 봐야 하오. 하나
의 정보 소스만으로는 절대 믿지 말 것. 같은 사안에 대해, 가령 열 개의 정보
를 찾아본 뒤 꼭, 꼭, 꼭 비교할 것. 이것이야말로 교사들이 먼저 실천하고 가

르처야 해요. … 항상 회의하라 Always be skeptical. 그걸 배워야 합니다. 위대한 기술이자 학습 방법이오. 사람에 대한 판단은 여럿의 이야기를 종합해 보고 나서 결정하라는 것도 같은 이야기야. 사실상 교육의 유일한 방법론이오. 회의를 바탕으로 다른 정보를 취하고, 비교해서 판단하라. 그리고 따져 보라고."(『조선일보』, 2012. 7. 6-7)

3. 현대그룹 창업자를 기리는 아산정책연구원이 2012년 가을에 '아산서원峨山書院'을 개설하고 그 교육과정으로 인문학적 소양을 강조하고 나선 것. 당장의 취업 가능성을 겨냥하는 현행 대학교육의 약점을 보완함과 동시에 대학 이후의 직업생활에서 명시적 또는 암묵적으로 중요해질 인문학적 소양을 예비함이라 하겠다. 이 서원은, 일본 파나소닉 회사 창업주가 1979년에 새로운 국가경영을 추진해 나갈 지도자를 육성하기 위해 설립한 마츠시타 정경숙松下政經塾을 적잖이 연상시킨다. 큰 차이점이라 하면 팔 개월 교육과정의 아산서원에 견주어, 일본의 경우는 처음에는 오 년이었다가 지금은 삼 년으로 줄어든, 그러나 대학교육에 버금갈 정도로 장기간이란 사실이다.

4. 카이스트 KAIST 대학교 문화과학대학 안에는 인문사회과학부, 문화기술대학원, 과학기술정책대학원 프로그램 등의 교육장치가 들어 있다.

5. 앞서 말한 신촌 일대 대학생들이 주로 참여한 '작은 대학'의 한 기期 강좌는 플라톤 Platon의 『국가』, 아리스토텔레스 Aristoteles의 『니코마코스 윤리학』, 루소 J. Rousseau의 『사회계약론』, 칸트 I. Kant의 『도덕 형이상학을 위한 기초 놓기』, 헤겔 G. Hegel의 『법철학』, 베버 M. Weber의 『프로테스탄트 윤리와 자본주의 정신』, 아렌트 H. Arendt의 『인간의 조건』, 롤즈 J. Rawls의

『정의론』, 노자老子의 『도덕경』, 왕양명王陽明의 『전습록』, 마르크스K. Marx의 『공산당 선언』 『독일 이데올로기』, 스미스A.Smith의 『도덕 감정론』, 프로이트S.Freud의 『정신분석입문』, 도스토옙스키F.Dostoevsky의 『카라마조프가의 형제들』, 베블런T.Veblen의 『유한계급론』, 폴라니K.Polani의 『거대한 변환』, 니체F.Nietzsche의 『자라투스트라는 이렇게 말했다』, 니부어R.Niebuhr의 『도덕적 인간과 비도덕적 사회』, 토크빌de Tocqueville의 『미국의 민주주의』의 독파, 그리고 끝으로 한국현대시 읽기가 포함되었다. 연전에 서울대학교도 읽기 권장 도서로 "서울대 선정 100권 도서 리스트"를 발표했다. 거기에 과학기술·동양사상·서양사상·외국문학·한국문학 등 다섯 개 분야의 고전이 나열되었다.

6. 이 연장으로 주위 사물마저, 이를테면 포도주가 기대와는 달리 맛이 좋지 않음을 일컬어 "포도주가 나를 배신했다"는 식으로, 의인화擬人化하는 것도 인문적인 글쓰기의 한 전범이라 한다. 박웅현, 『인문학 강독회, 책은 도끼다』, 2011 참조.

7. 초기 대학의 '자유학예'는 문법·논리학·수사학·산수·기하학·천문·음악 등 일곱 과목이었다.

8. 중세 유럽에서처럼 모든 사회·자연적 현상을 종교의 이름이나 정치적 권위로 설명하게 되면 객관적 학문, 또는 학문을 위한 학문 자체의 태동이 원천적으로 어려울 수밖에 없었다. 그 지경에서 독자적인 인문·사회과학적 지식이 자리를 잡기 위해서는 두 가지 전제 조건이 필요했다. 하나는 사회가, 적어도 부분적으로는, 이성적으로 합리화되어야 했고, 또 하나는 전문 지식인들이 집

단을 형성하여 외부의 간섭이나 압력을 막아내는 일에 힘을 합쳐야 한다. 대학의 태동이나 학회의 결성에는 그런 연유도 있었다.(Randall Collins, *Four Sociological Traditions*, 1994)

9. 영국 옥스퍼드대학의 PPE(Philosophy, Political Sciences and Economics: 철학·정치학·경제학) 교육과정을 모본으로 삼아 PPE 위주의 "인문학 교육" 그리고 "…폭넓은 인문학적 소양을 기름"이란 제하題下의 "교양 및 인성교육" 관련 교양강좌(『아산서원 설립 제안서』, 2012, pp.7-8)를 제공한다. 입학 원생院生이 이수할 총 팔 개월 교육과정 중에서 국내에서 이뤄지는 사 개월 교과과정은 한마디로 '인문적 사회과학'으로 짜여 있다. 이수 내용은 우리 대학의 취득 학점으로 바로 환산할 수 있는바, '역사와 문학' '동양철학사' '서양철학사' '정치' '국제정치' '경제' '국제정치경제' 각 2학점, 수사학 1학점이며, 인문학 수업의 일종이라 할 실용영어가 4학점으로 배정된 총 21학점 교육과정이다.

10. 문리과대학 체제는 해방 직후 미군정이 대학을 경영할 때 미국 대학들의 모형을 이식했던 것으로 판단된다. 지금도, 이를테면 미국 하버드대학은 문리과대학College of Arts and Sciences이 대학 전체의 발전방안을 주도할 정도로 대학교육의 핵심이 되고 있다 한다.

11. 선비들의 수장인 임금들도 수리의 중요성을 간파했다. "산수算數를 배우는 것이 임금에게는 필요 없을 듯하나 이것도 성인이 제정한 것이므로 나는 이것을 알고자 한다." 했음이 『세종실록』에 나온다는 것. 이장주, 『우리 역사 속 수학 이야기』, 2012 참조

12. '유교적 인본주의자'의 정의도 인문학적 소양의 축적이 무엇을 의미하는지 짐작하는데 도움 될 것이다. 유교적 인본주의자란 "첫째는 자신의 신체와 정신을 통일하는 것이고, 둘째는 가족과 이웃, 나아가 지구촌이라는 공동체와 생산적으로 교류하고 상호 작용한다는 것이며, 셋째는 인간과 자연 사이에 지속 가능하고 희망적인 조화를 이룬다는 것이며, 넷째는 인간이 하늘의 뜻을 제대로 받든다는 것"이라 한다.(뚜웨이밍杜維明,「21세기의 유교적 인본주의: 중국의 새로운 문화적 정체성에 대하여」, 제4회 아산기념강좌, 2012)

13. 이를테면, 서울대학교 인문대학 학생생활문화원이 펴낸 졸업생의 취업 성공담(『인문의 스펙을 타고 가라』, 2011)에 실린 글 제목, 곧 "고민할 수 있는 기회가 있다는 것은 행운이다" "내가 알고 있다고 생각한 것보다 훨씬 넓은 세계가 있다" "즐겁지 않으면 그건 일이 아니다" "꿈을 현실로 서술해라" "사람에 관심을 가지고, 사람을 관찰해라" "일은 생계의 수단이 아니라 자존심의 원천이다" "다른 사람과는 소통을, 자신에게는 관리를" "남의 눈으로 보지 말고 내 눈으로 직접 봐라" "사람을 먼저 배워야, 사람을 도울 수 있다" 등이 인문학 전공자의 취업 개연성을 말해주는 데 퍽 시사적이었다.

14. 주로 독서를 하는 사람을 선비[士], 그 가운데서 벼슬을 얻어 정치에 나선 사람을 '대부大夫'라 불렀다. 그런데, 한국 선비문화의 본고장 경북 안동지방은 대부보다는 선비의 자리를 한층 더 무겁게 여겼음을 자랑해 왔다. 곧, 학문과 인격의 구현을 보다 중시했던 까닭에 지금도 "벼슬과 직위만으로 사람됨을 운운하는 것은 그리 환영받지 못한다."는 것이 그 지방 한 명현名賢 종

손의 소신이었다.(이성원,『천년의 선비를 찾아서』, 푸른 역사, 2008)

15. 육예 가운데 실제로 선비들이 힘쓴 바는 '예·서禮·書'에 불과했다는 것이 이 시대 유명 교육학자의 회고다. 이 말은 옛 우리 선비들이 특히 수리數理에 대해선 별로 관심이 없었다는 뜻이었다.

16. 문관 집안 출신 성분 때문인지 이순신李舜臣 장군은 무관이면서도 선비의 덕목을 특출하게 갖추고 있었다. 이를테면 전장에서 송나라 역사책 '송사宋史'를 읽었다며 거기서 자신을 되돌아보고 다짐하기를 "신하된 자가 임금을 섬김에는 죽음이 있을 뿐이요, 다른 길은 없다(人臣事君 有死無貳)"고 『난중일기』에 적었다. 동양 쪽 선비문화에서 "뒤숭숭한 날에는 경전을 읽으며 마음을 다스리고, 차분한 날에는 역사서를 읽으며 투지와 사명감을 찾는다 (剛日讀經 柔日讀史)" 했는데, 충무공이 역사서를 읽었던 날은 마음이 차분했었던 것일까. 『예기禮記』에서 뒤숭숭한 날인 강일剛日에는 집밖에서 하는 일을, 차분한 날인 유일柔日에는 집안에서 하는 일을 한다 했다.

17. 소동파가 중국 문인화의 비조이었던 왕유王維(699-761) 시인의 그림과 시를 칭송했던 글귀였다. 그리고 서·화가 한통속임에 대한 설명은 현대 중국 문인 린위탕林語堂(1895-1976)이 설득력 있다.(진영희 옮김,『소동파평전』, 지식산업사, 1987) 곧 "예술의 모든 문제는 그 표현양식이 그림이든 조각이든 음악이든 간에 리듬에 달려 있다. 모든 아름다움은 운동감에 그 근원을 두고 있으므로, 모든 예술은 그 안에 리듬을 내포하고 있기" 때문에 서예의 감상은 "마치 화선지畵宣紙 위에 펼쳐지는 춤을 보는 것과 같다." 했다. 한편, "자연에는 원기가 있고 자연은 살아 움직이고 있다. 그러므로 화

가는 만물에 내재해 있는 형언하기 어려운 이 원기를 그림 가운데에 나타내야만 한다"는 것이 중국 문인화의 대변자격이던 소동파의 화론이기도 했다는 것이다. 이를테면 "사슴 몸의 아름다움은, 그 자체가 갖고 있는 우아한 곡선 때문만이 아니라, 그와 동시에 뛰는 동작을 연상시켜 주기 때문에 아름답게 느껴지는 것"이라 했다.

18. 시의 문학교육이 음악의 감성교육과도 직결되고 있음은 시의 고전적 정의가 '의미의 음악'이라 했음에서도 직감할 수 있다. 시는 '노래하는 글'이란 말도 있듯, 음률성音律性이 강한 시는 음악을 품고 있음이니 그만큼 시의 문학은 소리의 예술과 한통속인 셈이다. 더 구체적으로 동서양 서정시가 음악을 만나 가곡이 되고 있고, 우리 고유의 시조문학이 시조창으로 불리고 있다. 현대시조 시인 김상옥金相沃(1920-2004)의 시작 제목이 아예 음악을 뜻하는 '소리' '노래' '향響' '송頌' '곡曲' 같은 낱말을 즐겨 어미語尾로 삼고 있을 정도다.(민영 엮음, 『김상옥 시전집』, 창비, 2005)

19. 초기 대학이 본격으로 가르치기 훨씬 이전인 그리스시대는 '기초교양교육'이라 했고, 로마시대는 '자유학예'라 했던 이들 연구는 인간에 대한 연구였다. 그걸 키케로M. T. Cicero(기원전 106-43)가 '인간 연구Studia Humanitas'라 이름붙인 데서 '인문학the humanities'이란 말이 생겨났다 한다. 한편, 한자문화권에선 천문天文, 天紋과 대비하여 '사람의 무늬'라는 뜻으로 '인문人紋'이라 이름 했다는 것. 이처럼 '인문人文'의 어원에 대해선 여러 설이 제가기 설득력을 갖고 있다.

20. 나라 근대화를 위해 산업 개발에 전력투구하던 제삼 공화국 시절의 위정자

는 비판적 사회식자들이 경제제일주의 못지않게 문화의 중요성을 강조하자, 그 주장을 겨우 받아들여 문화부문에 대한 정책 배려를 '제이경제'라 이름 붙였던 적도 있다. "국민경제가 나아지면 문화도 뒤따라서 꽃이 필 것"이라는 암시를 담았던 조어造語였다.

21. "쓰레기통에선 장미가 피지 않는다"는 말처럼 우리 현대사에서 호구가 당면 과제였던 절대 가난의 시절, 그리고 외세 압제로 한민족 기상을 뜻대로 펼 수 없었던 시절에는 자연과 인간에 대한 사랑을 꽃피울 문화적 싹수가 보이질 않았다. 그처럼 한반도의 이십세기 전반이 바로 그런 반문화反文化의 시절이었다. 그 망국亡國의 상황에서도 애국자 김구金九는 『백범일지白凡逸志』를 통해 문화의 중요성을 웅변하는 일설逸說이 그래서 탁견이요 선견지명이었다. "우리의 부력富力은 우리의 생활을 풍족히 할 만하고 우리의 강력强力은 남의 침략을 막을 만하면 족하다. 오직 한없이 가지고 싶은 것은 높은 문화의 힘이다. 문화의 힘은 우리 자신을 행복하게 하고 나아가서 남에게 행복을 주겠기 때문이다… 세계 인류가 모두 우리 민족의 문화를 사모하도록 하지 아니하려는가. 나는 우리의 힘으로, 특히 교육의 힘으로 반드시 이 일이 이루어질 것을 믿는다."

22. 십팔세기 이후 특히 서구에서 산업근대화의 여파로 귀족 신분이 아니던 사람들이 이전에 귀족 전유물이던 고급문화를 즐길 수 있게 되었음은 시민들이 여유의 경제가치와 평등의 민주가치를 누리게 되었기 때문이었다. 이를테면, 시민사회가 되고부터는 귀족의 살롱에서 연주되던 고전음악을 많은 시민들도 들을 수 있도록 넓은 음악당이 지어졌고, 조그마한 살롱 대신 커다

란 음악당 연주에 합당하도록 교향악 같은 음악 양식이 생겨났고 악기 편성
도 대형화했다.

23. 대중문화에는 가구·옷·생활용품·자동차와 같이 제품의 기능에다 디자인
    같은 심미적인 가치도 함께 선택하는 사람의 취향도 포함된다.

24. 유종호, 『시와 말과 사회사』, 시정시학, 2009 참조.

25. 음악이 인류문명의 정수 하나임은 우주 탐사를 목적으로 1977년 9월 5일 야
    심차게 발사한 미국의 태양계 무인 탐사선 보이저 Voyger 1호에 실렸음에
    도 확인된다. 외계 생명체와 만날 가능성에 대비, 지구상의 생명체와 문화
    의 다양성을 알리려고 소리와 영상을 담은 음반 두 장이 탑재물이었다. 소
    리 음반에는 파도, 바람, 천둥, 새, 고래 등 자연의 소리에 더해 베토벤, 바
    흐, 스트라빈스키, 모차르트 음악도 담았다. 탐사선은 2012년 6월 18일 현
    재, 지구에서 178억 킬로미터 떨어진 태양계 가장자리의 새로운 환경인 '성
    간星間우주' 로 초당 17킬로 속도로 진입했고, 우주에 대한 정보를 2020년
    까지 지구로 전달할 것이라 한다.(『동아일보』, 2012. 6. 20)

26. 조지훈, 『멋의 연구: 한국적 미의식의 구조를 위하여』, 나남, 1996 참조. 아
    름다움에 대한 권위의 고전적 연구는 현대 한국 고고미술사학의 기초를 쌓
    아 주었던 고유섭의 「우리의 미술과 공예」[『조선미술사 상』('우현 고유섭
    전집' 제1권), 열화당, 2007] 참조.

27. "知之者 不如好之者, 好之者 不如樂之者."(『논어』, 「옹야雍也」편)

28. 이런 발상법은 도처에서 만날 수 있다. 후기 고전파 작곡가 브루크너 J.
    Bruckner의 교향곡 제4번 「낭만」을 두고 곡의 의미를 설명해 달라는 친구에

게 작곡가는 "이해하면서 듣지 않는 것보다, 이해 없이도 듣는 것이 한결 낫다" 했다.

29. 『논어』 '학이學而편'.

30. 우리의 대소 각급 고장마다 공사公私 간에 이른바 '스토리텔링story-telling'에 대해 부쩍 열을 올리고 있음은 "무의미한 장소에서 살 수 없다"는 사람들 속성에 편승한 관광 증진이 그 목적이다. 충남 대청호 인근의 벽촌 마을도 호소력 있는 이야깃거리 확보에 고심한 흔적은 역연했으나, 그 줄거리가 삼국시대 한반도 역사로 거슬러 올라가 그 고장이 바로 삼국이 서로 영토 쟁탈전을 치열하게 벌였던 격전의 현장이었다고 자랑 삼아 늘어놓았다. 비정한 역사 이야기는 될지언정, 피를 흘렸던 분쟁 전말은 도무지 '착한 것을 감발시키는' 이야기가 아니어서 내가 듣기에 다소 민망했던 적이 있었다.

31. The Private Papers of Henry Ryecroft, New York: Signet Classic, 1961, pp.48-49.

32. 조선시대 통치철학이던 성리학을 대변하던 퇴계退溪 이황李滉은 "개별 인간의 자아야 말로 천지간의 어떤 것으로도 대체할 수 없는 존엄한 가치를 지닌 실체이고, 이들이 각기 타고난 천덕天德의 함양이야 말로 왕도王道의 실현, 곧 당시의 나라 다스림에 못지않은 독자적 과제"라 했다. 이성의 존재로서 사람이 배움에 매진함도 '사람을 다스리는' 위인지학爲人之學에 있지 않고, 오히려 '스스로를 위함'인 위기지학爲己之學이 그 궁극가치라 했다.

33. 조선왕조의 출범에 태조 이성계李成桂를 크게 도왔던 권근權近(1352-1409)이 선비의 노릇으로 "현달顯達하면 벼슬에 나아가 도를 실천하고 벼

슬을 못하면 농사에 힘쓰는 것이 선비의 떳떳함"이라 말했음 역시 맹자의 인용이었다.

34. 조선후기 진경산수의 고수 겸재謙齋 정선鄭敾(1676-1759)이 도연명의 시구를 차용해서 "동리채국東籬彩菊"과 "유연견남산悠然見南山"을 각각 화제로 적은 부채그림이 지금도 국립중앙박물관 소장으로 전한다. 겸재는 생전에 이미 주위로부터 중국 문인화의 비조 왕유에 버금간다 하여 '조선의 왕유'로 칭송받았다.

35. 료안지龍安寺 석정은 토담 건물 마당에 흰 모래를 깔고 몇 개씩 다섯 개 세트로 묶은 돌 열다섯 개를 곳곳에 배치했다. 만월滿月인 보름이 15일이므로 '열다섯' 숫자는 '채움' 또는 '완전한 수'를 뜻한다. 그런데 정원에 놓인 열다섯 개 돌은 좌우 어느 곳에서 바라보아도 한눈에 다 들어오지 않는다. 최대 열넷까지만 보이는 이 지경은 불완전을 의미한다. 따라서 사람은 충분하지 않더라도 만족할 줄 알면서 살아야 한다는 것이 선종의 가르침이라 한다.

36. 근대화 과정에서 보여 준 공덕으로 '일본경제의 아버지'로 칭송받는 시부사와 에이치澁澤榮一(1840-1931)(노만수 옮김, 『논어와 주판』, 페이퍼로드, 2009)는 한 손에는 『논어』를 또 한 손에는 주판을 들었던 이른바 '유상儒商'이었다. 『논어』를 열심히 익힌 끝에 특히 "눈앞에 이익이 있을 때 그것이 정직한 것인지, 공정한 것인지를 항상 따져봄(見利思義)"을 생활화했다 한다.

37. 첫째는 「자한子罕」편(子在川上曰, 逝者如斯夫 不舍晝夜), 둘째는 「자로子路」편(君子 和而不同), 셋째는 「위정爲政」편(七十而 從心所欲不踰矩)이 출처다.

38. 문화경제학의 싹은 미술비평과 미술사 등에 일가견을 가졌던 영국의 문예
   비평가 러스킨J.Ruskin(1819-1900)에서 찾는다. 처음으로 '예술경제학A
   Political Economy of Art'이란 말을 쓰기 시작했기 때문이다. 그는 정치
   경제학의 목적을 건강하고 행복한 삶을 위한 투입이라 규정했다. "삶이 없
   는 부는 없다. 삶은 사랑과 기쁨과 공경의 모든 권능을 포함한다. 고상하고
   행복한 사람이 가장 많은 나라가 가장 부유한 나라다. 사람은 그 자신의 삶
   의 기능을 극대로 발휘하면서 또한 다른 사람들에게 개인적으로, 그리고 그
   가 갖고 있는 수단으로 최광범위의 도움의 영향을 미칠 수 있을 때 가장 넉
   넉한 사람인 것이다."(존 러스킨, 이가형 역, 『예술경제론—깨와 백합(외)』,
   을유문화사, 1964)

39. 고급문화가 공공재적 성격이라 함은, 바라건대 그걸 담당하는 공직자에게
   문예文藝, 곧 문학과 예술을 사랑하는 좋은 자질이 필요하다는 함축이기도
   할 것이다. 이 연장으로 예술행정 담당 공무원은 어떤 자격의 인사가 합당
   한가가 사계斯界의 관심이 되고도 남는다. 프랑스의 경우, 언젠가 피아니스
   트가 예술행정의 책임을 맡았던 것은 예술행정이라 하면 예술과 행정 두 부
   문의 접합인데, 예술가의 행정 배우기가 행정가의 예술 배우기보다 훨씬 실
   현 가능하기 때문이라 했다. 행정은 앎의 대상이요, 예술은 앎보다 더 상위
   의 좋아함의 대상인데, 아무나 예술을 좋아하게 되지는 않는다는 뜻이다.
   '제5대 국새國璽' 만들기의 2011년의 사회 파문을 기억하면 우리의 문화
   행정이 갈 길은 참으로 멀다는 생각을 떨칠 수가 없다. 담당 행정안전부가
   '전통기법'을 요구했다 하는데, 과학기술이 비약적으로 발전한 이 시대에

도대체 어느 시절의 전통적 주물기법을 말함인지, 그게 과연 정당하기나 한 노릇인지를 한 번이라도 비판적으로 검토해 본 적이 없다 싶은 우리 문화행정 현주소가 안타까울 뿐이다.

40. 동양문화권에서는 당송唐宋 팔대가 가운데 한 분인 한유韓愈(768-824)의 권학문勸學文이 널리 회자되어 왔다. 공부의 필요성을 구체적으로 나열해서 책 읽기의 동기를 유발하려 했다.

41. 영화 제작을 위한 스토리텔링의 원칙을 잘 말해 준 고전은 아리스토텔레스의 『시학Poetics』이라 한다. 이 고전 풀이(마이클 티어노Michael Tierno, 김윤철 옮김, 『스토리텔링의 비밀: 아리스토텔레스와 영화』, 아우라, 2008)에서 '원칙'을 인용하고 있음도 '원칙을 깨기 위해 원칙을 알아야' 하기 때문이라 했다. 그럼에도 굳이 관심이 있는 사람에게 글쓰기의 어려움, 그리고 그 고충을 삭히는 마음 앓이에 대해선 한 시인의 신변담이 참고될 것이다.(이정록, 『시인의 서랍』, 한겨레출판, 2012) "글을 쓰려고 원고지나 모니터를 바라보고 있노라면 불완전 연소로 내달리는 버스와 먼지 뽀얗게 내려앉은 신작로 밭이 생각납니다." "글 쓰는 이에게 원고지는 붉은 우물이죠. 우물가 핏빛이 때로는 공포로, 때로는 황홀함으로 밀려옵니다. 두레박으로 찰락찰락 퍼 올리기만 하는 일이라면 얼마나 좋겠어요. 도르래 삐꺽대는 노동 정도야 언제나 바칠 수 있는 것 아니겠어요. 하지만 우물 밑바닥을 언제나 두꺼운 얼음이 잡혀 있죠. 아 새벽 도끼질에 잡힌 손바닥 물집에 펜을 찍어요."

42. 임모臨摹는 모방이란 말이기도 한데, 모방을 문자 그대로 받아들이면 안 된

다. "모방이란 극히 자유로울 수 있다. 어느 정도냐 하면 모방의 대상이 되었다는 작품과 무슨 관련이 있는지 찾아내기 힘들 때도 있기" 때문이다.(이동주, 『우리나라의 옛그림』, 학고재, 1995)

43. '아름다움'의 어원은 '앎'에서 나왔다는 설도 있다. 처음엔 낯설게 들리거나 보이다가도 자주 접하게 되면 친숙하게 느껴지고 거기서 아름다움을 즐기게 된다는 뜻이다. 『논어』의 첫머리를 장식하는 유명 구절, 곧 "배우고 자주 익히면 그 아니 기쁜가(學而時習 不亦樂乎)"도 바로 그런 뜻일 것이다.

44. '기운생동'의 글과 그림을 만나면 필시 서화가에게서 '문자향文字香과 서권기書卷氣', 곧 책을 많이 읽었음에서 풍기는 청고고아淸高古雅한 향기, 맑으면서 예스럽고 고답적이면서 아담한 기운氣韻이 전해진다고 말한다. 희대의 서화가 추사秋史 김정희金正喜에서 느껴지는 그런 여운, 그런 아우라 aura를 상정한 말이다.(양신 외, 정형민 옮김, 『중국회화삼천년』, 학고재, 1999)

45. 나치 독일이 유럽에서 개전開戰할 즈음, 전시 수상으로 취임한 처칠은 미국의 참전 없이는 전쟁에 승리할 수 없다고 확신한 끝에 국민 여론이 참전에 별로 적극적이지 않던 미국을 전쟁으로 끌어내는 데 결정적인 영향력을 발휘하고, 마침내 독일 나치즘을 붕괴시켰다. 그러한 공로로 이십세기의 가장 위대한 정치가로 손꼽힌다.(John Chettle, "Winston Churchill in America", Smithonian, April 2001, pp.80-90)

46. Winston Churchill, *Painting as a Pastime*, New York: McGraw Hill, 1950 그리고 David Coombs and Minnie Churchill, eds., *Sir Winston*

Churchill: His Life and His Painting, Philadelphia: Pegasus Publishing Co., 2003 참조.

47. 이 경우의 정치가는 이를테면 '타협의 원칙'을 믿고 따르는 Statesmen을 말함이지, '원칙조차 타협하는' 그런 Politician을 말함이 아니다.

48. 상식의 지혜는 "한 길이 만 길로 통하다."고 말하고, 성현을 굳이 인용하면 "도가 '하나'를 낳고, '둘'이 '셋'을 낳고, '셋'이 만물을 낳는다(道生一 一生二 二生三 三生萬物)"는 노자老子 『도덕경道德經』의 한 구절도 참고가 된다.

49. 사회적 인식과 지원이 절대 부족이던 일제 말기이었음에도 우리 고미술 연구에 일심으로 헌신했던 개성박물관장 고유섭高裕燮(1905-1944) 같은 이가 바로 그런 유형이었다. 아호를 '급월당汲月堂'이라 지었던 연유를 제자에게 들려주면서 그의 마음가짐을 에둘러 털어놓았다. "원숭이가 물을 마시러 못가에 왔다가 못에 비친 달이 하도 탐스러워서 손으로 떠내려 했으니 달이 떠지지 않아서 못의 물을 다 퍼내어[汲]도 달은 못에 남아 있었다"는 고사에서 따온 것으로, "학문이란 못에 비친 달과 같아서 곧 떠질 듯하지만 막상 떠 보면 못의 물이 다해도, 곧 생명이 다하도록 노력해도 이룩하기 어렵다"는 학문에 대한 외경, 그리고 그에 대한 몰입의 마음다짐을 상징했다 한다.(진홍섭秦弘燮, 「참 스승, 급월당汲月堂의 교훈」『월간미술』, 2005. 8, pp.174-176)

글쓰기에 관하여

1. 샤를 달레Charles Dallet, 최석우 옮김, 『한국천주교회사』 상권, 분도출판 사, 1978.(원전 출간은 1874년)

2. 소설가 박경리의 대하소설 『토지』에 대한 배경 설명.

3. 신문 같은 정기간행물에서 가장 많이 읽히는 지면이 부음란이라 한다. 사람의 가장 큰 관심은 사람에게 있다는 뜻이다. 영국 시사주간지 『더 이코노미스트 The Economist』는 매주 한 페이지씩을 저명 인사 또는 문제 인사의 부고란으로 할애하고 있다.

4. 학위논문 또는 전문 저술에서, 서문에는 예외적으로 인간미 넘치는 감상적 내용이 적히곤 한다. 경제학 입문 교과서로 세계적으로 읽혔던 미국 경제학자 사무엘슨P.Samuelson의 『경제학 원론』 서문의 요지는 대충 "처음 경제학을 배우는 학생 당신들이 부럽다. 새 학문을 만나는 신선감을 만끽할 터라서 그렇다"고 적었다. 경제학을 직업적 또는 전문적으로 오래 다루다 보면 타성에 젖기 십상인 저자의 처지를 솔직하게 드러내었다.

5. 미술사학자 강우방姜友邦(『인문학의 꽃 미술사학』, 열화당, 2003, pp.143-156)은 미술사 논문 쓰는 법을 적으면서 우리의 글쓰기 풍토에 대한 비판적 소견을 밝히고 있다.

6. 1988년 4월 한 신문의 비상임 논설위원으로 위촉받고 논설 집필의 기본 방향을 스스로 적어 본 것이다.

7. 「고전의 바다: 소설의 첫 문장 incipit」『조선일보』, 2001. 11. 2.

8. 글쓰기 공부에서 내가 자극과 시사를 많이 받았던 명문장(최정호, 『한국의
   문화유산』, 나남, 2002)은 언제나 첫 문장이 감동이다. 「정약용의 『목민심
   서』」라는 수상은 "다산茶山은 태산泰山이다. 그의 생애와 사상과 업적은 태
   산처럼 크고 높으며, 그리고 여러 골짜기를 안고 있다"로 시작한다. 조선시
   대 후기가 배출한 걸출한 르네상스맨 정다산은 철학·문학·정치·경제·역사
   ·지리·의학·교육·군사학·자연과학 등 거의 다루지 않은 학문 분야가 없었
   다. 오백여 권에 달하는 방대한 저술이 그 깊이와 넓이를 입증해 주기에 최
   교수는 이를 미리 '태산'이라 잘라 말해서 이어서 전개할 부연敷衍에 대한 기
   대감을 고조시켜 놓고 있다.

   같은 책의 「한중록」이란 꼭지 글에서 "서양에서 '역사'와 '이야기'는 같은 말
   history이다"고 시작한다. 조선왕조 후기의 영·정조 시대는 우리 역사상 빛
   나는 성취가 있었던 만큼이나 사도세자思悼世子를 아버지 임금이 죽이는 처
   참한 비극을 목격한다. 그 비극을 온몸으로 겪었던 세자비 혜경궁惠慶宮 홍
   씨洪氏의 개인 목격담이면서 동시에 왕실에서 차지하는 사태의 무게가 막중
   했기에 동시에 역사가 되고 있음이 바로 「한중록閑中錄」의 실체인 것. 개인적
   사담私談이 사회적 공술公述 기록이 되고도 남음을 일찍이 간파했던 서양 낱
   말을 빌려 「한중록」의 의미와 비중을 압축적으로 설명하는 첫 문장이다.

9. 야나부 아키라柳父章, 서혜영 옮김, 『번역어 성립과정』, 일빛, 2003 참조.

10. 이중주어 관련으론 남영신, 『나의 한국어 바로 쓰기 노트』, 까치, 2002,
    pp.26-54 참조.

11. 우리말에 외국어의 영향이라면 단연 중국말의 영향이다. '한마디로 말해

서'라 하면 될 것을 굳이 '폐일언蔽一言하고'라 쓰곤 한다.

12. 한국어 바로 쓰기에 대해선 아동문학가 이오덕李五德의 글을 권하고 싶다. 같은 제목으로 세 권으로 엮은 그의 책 『우리글 바로쓰기』는 1권(개정판, 한길사, 1992)이 총론 격이고, 2권(1992)과 3권(1995)은 각론 또는 사례집이다. 제1권을 가까이 두고 읽는 것이 좋겠다.

13. 남영신, 『나의 한국어 바로 쓰기 노트』, 까치, 2002, p.173 참조.

14. 이오덕, 『우리글 바로쓰기』 1권(개정판), 한길사, 1992, pp.103-117 참조.

15. 영어 글짓기 지침서도 "It seems likely that…" 같은 표현을 쓰지 말라고 강조한다. Strunk, William, Jr., and E.B.White, *The Elements of Style*, New York: McMillan, 1972 참조. (최신판은 Allyn & Bacon, 2000)

16. "두 사람은 칠성문을 나섰다. 길가에는 스러져 가는 집들도 있었다. 철도가 생기기 전에는 지나가는 손님도 있어서 술도 팔고 떡도 팔더니 지금은 장날이 아니면 사람 그림자도 보기가 어렵다. 문밖에는 문짝 모양으로 만든 소위 '평상'이란 것을 놓고 그 위에 다 떨어진 볏짚 거적을 폈다." 이광수 『무정』에서. (남영신, 『나의 한국어 바로 쓰기 노트』, 까치, 2002, pp.283-286에서 재인용) 밑줄은 인용자의 것인데, 시제가 과거형에서 현재형으로 다시 과거형으로 오락가락하는 것이 우리글의 속성이다.

17. 나는 기인 서양화가로 유명했던 장욱진張旭鎭의 전기(『그사람 장욱진』, 김영사, 1993; 『장욱진, 모더니스트 민화장』, 열화당, 1997)를 적은 바 있고, 이를 아동용으로 번안(김형국, 『새처럼 날고 싶은 화가 장욱진』, 나무숲, 2003)한 바 있다. 내용 서술에서 이런 표현도 구사했다. "제국주의 일본이

저지른 태평양전쟁이 한창이던 1943년에 대학을 마치고 귀국합니다. 곧 이어 강제 노역인 징용에 끌려갔다가 해방을 맞습니다. 밥벌이 일로 이 년을 국립박물관 직원으로 일했지만 마음은 그림 생각뿐이었습니다. 이 년 만에 박물관을 그만둔 장욱진은 김환기, 이중섭, 유영국 등과 함께 '신사실파' 동인에 참여합니다." 과거 시제, 현재 시제를 자유롭게 오가고 있어도 의미 전달에 아무런 차질이 없지 않은가.

18. 이건 글쓰기 전문가들도 한결같이 취하는 방식이라 한다. 러시아의 문호 체호프A.Chekhov는 "쓰는 기술, 그것은 줄임질하기에 달렸다" 했다. 이음말을 줄인 보기로 "여자의 매력은 태반이 속임수다. 왜냐면 우선은 끌고 봐야 수지가 맞기 때문이다"에서 '왜냐면'을 빼면 한결 부드럽게 읽힌다. 장하늘, 「간결체가 감초다」『한겨레』, 2002. 11. 21.

19. 장하늘, 「짧은 문장의 힘」『한겨레』, 2002. 11. 7 참조.

20. 예용해, 『이바구 저바구』, 대원사, 1999 참조.

김형국(金炯國)은 1942년 경남 마산 출생으로, 서울대학교 문리과대학 사회학과(1964) 및 행정대학원(1968)을 졸업했고, 미국 버클리의 캘리포니아대학교(1983)에서 박사학위를 받았다. 서울대 환경대학원 교수(1975-2007)로 정년퇴직했는데, 그 사이 동대학원 원장(1990-1994), 조선일보 비상임 논설위원(1988-1993), 한국미래학회 회장(1998-2006) 등을 지냈다. 대학 정년 뒤 국가지속가능발전위원회 위원장과 대통령 직속 녹색성장위원회 제1기 민간위원장(2008-2010)을 역임했다. 『국토개발의 이론연구』『도시시대의 한국문화』『한국공간구조론』『고장의 문화판촉』『녹색성장 바로알기』 등의 전공서적에 더해 『장욱진: 모더니스트 민화장』『김종학 그림읽기』『활을 쏘다』 같은 방외方外 서적도 출간했다. 박경리 문학을 사랑했던 인연으로 1990년대 말 원주의 토지문화관 건립위원장 일도, 그리고 바이올리니스트 강동석이 음악감독인 실내악 축제 서울스프링페스티벌이 연례행사로 2006년에 발족할 때 그 조직위원장 일도 맡았다.

人文學을 찾아서

인문적 소양 기르기, 그리고 바른 글쓰기에 관하여

김형국 지음

초판1쇄 발행 2013년 1월 1일
초판2쇄 발행 2013년 2월 1일
발행인 李起雄 발행처 悅話堂 경기도 파주시 문발동 520-10 파주출판도시
전화 031-955-7000 팩스 031-955-7010
www.youlhwadang.co.kr yhdp@youlhwadang.co.kr
등록번호 제10-74호 등록일자 1971년 7월 2일
편집 조윤형 백태남 북디자인 최훈 인쇄·제책 (주)상지사피앤비

* 값은 뒤표지에 있습니다.
ISBN 978-89-301-0436-4

Finding the Humanities ⓒ 2013 by Kim, Hyung-Kook
Published by Youlhwadang Publishers. Printed in Korea

이 도서의 국립중앙도서관 출판시도서목록(CIP)은 e-CIP 홈페이지(http://www.nl.go. kr/ecip)
에서 이용하실 수 있습니다.(CIP제어번호: CIP2012005262)